AF361122

CONCESSION DE LA DISTRIBUTION D'EAU

# RAPPORT

SUR

# MA MISSION A PANAMA

## ÉMILE LEBON

INGÉNIEUR

PARIS

IMPRIMERIE ET LIBRAIRIE CENTRALES DES CHEMINS DE FER

IMPRIMERIE CHAIX

SOCIÉTÉ ANONYME AU CAPITAL DE 2.500.000 FRANCS

Rue Bergère, 20

1897

Exemplaire N°        remis confidentiellement

à M............................................................................

# SOMMAIRE

———

I

# CANAL INTEROCÉANIQUE DE PANAMA

## NOTE

### SUR L'ÉTAT ACTUEL DES TRAVAUX

# NOTE



## CANAL INTEROCÉANIQUE DE PANAMA

### ET L'ÉTAT ACTUEL DES TRAVAUX

Le sort de la ville de Panama est intimement lié à celui du Canal interocéanique. Il importe donc de dire où en est celui-ci.

Les travaux, commencés en 1880, furent interrompus en 1889, dans les circonstances que l'on connaît.

La grande majorité du public s'imagine que ce travail est complètement abandonné et que jamais le Canal ne se fera. A la suite du gaspillage de centaines de millions, on croit généralement que pour mener l'œuvre à bonne fin il faudrait dépenser encore une somme égale à celle qui a été engloutie (1.350 millions).

Mais il n'en est rien. De tout ce que j'ai vu et entendu, sur place, il résulte que le Canal de Colon à Panama se fera dans un délai maximum de huit à dix années, avec une dépense totale de 450 à 500 millions.

A l'heure actuelle, il ne paraît plus possible d'abandonner l'œuvre au point où l'on est arrivé.

C'est ce que je vais montrer.

J'ai visité les travaux du Canal de Panama, aux points principaux, en compagnie de M. Marolle.

Celui-ci est parfaitement à même de juger la situation actuelle car il a été mêlé, dès la première heure, à tout ce qui s'est fait dans l'isthme.

M. Marolle est arrivé à Panama en décembre 1879. Il faisait partie de la Commission internationale d'études du Canal. Jusqu'en mai 1880, il a collaboré aux travaux de cette Commission. Après un court séjour en France, il est revenu dans l'isthme en 1881, avec la première expédition, en qualité de chef d'une brigade d'études.

De 1881 à 1884, il a dirigé les études des sections de Paraiso et de Gatun, fait le nivellement général des repaires de Colon à Panama puis l'étude de la vallée du Haut-Chagres à la cote 70.

De 1884 à 1888, nommé chef de section à Panama, il a fait les études du chemin de fer de Panama à la Boca, et celles de la route de Panama à la Boca.

Comme entrepreneur, il a ensuite construit, seul, la route et le chemin de fer de Panama à la Boca et le terre-plein de la Boca.

Associé avec MM. Jacquemin et Montvenoux, il a exécuté les terrassements d'Emperador, puis, en collaboration avec M. Sosa, aujourd'hui ingénieur du Gouvernement de Panama, chargé des études de la distribution d'eau, M. Marolle a fait le plan coté du Rio-Grande, entre le chemin de fer, la Boca et Corosal, ainsi que les études du chemin de fer de déviation de la Culebra à Pedro-Miguel. Enfin, en 1888 il a délimité les 500.000 hectares concédés par le Gouvernement colombien à la Compagnie du Canal. Il a quitté l'isthme en mai 1888. — Le travail fait par M. Marolle pour la Compagnie du Canal est très important. Aujourd'hui encore les ingénieurs de la Compagnie se servent des *Carnets et des plans Marolle.*

En arrivant avec moi à Panama, il a retrouvé dans les bureaux de la nouvelle Société bon nombre de ses anciens collaborateurs, parmi lesquels il ne compte que des amis. Cette circonstance spéciale m'a fait accueillir, sur-le-champ, dans l'intimité de ces messieurs. Les entretiens journaliers que j'avais avec eux, depuis le directeur général et l'ingénieur en chef jusqu'aux moindres employés et chefs de brigades, m'ont permis de me renseigner d'une façon précise sur ce qui s'est fait autrefois et sur ce que l'on fait actuellement. J'ai vu les livres, les rapports, les plans, etc., et j'y ai puisé des chiffres qui sont absoluments officiels.

Pour se rendre un compte exact de la situation, il faut se reporter aux beaux jours de l'ancienne Compagnie du Canal.

Sur les 1.350 millions dépensés par elle, de 1880 à 1889, il y a d'abord *plus de cinq cents millions* dont on n'a trouvé aucune trace dans les livres. Je tiens ce détail de M. Pinard, ancien chef des domaines de la Compagnie. Celui-ci a été appelé autrefois à Paris par M. Monchicourt, le liquidateur de la Compagnie, pour l'aider à débrouiller le chaos, autant que possible, et ils ont fait ensemble cette constatation édifiante.

Les travaux de l'ancienne Compagnie ont coûté environ 300 millions. Le matériel a absorbé une somme à peu près équivalente. Le reste est allé on sait où.

### Travaux de l'ancienne Compagnie.

Les travaux étaient conduits d'une façon insensée. Aux deux sections d'Emperador et de la Culebra, il y avait 150 *agents* de toutes espèces : directeurs, inspecteurs, chefs de sections, etc., etc. (aujourd'hui ces deux chantiers sont conduits par trois hommes : un directeur et deux chefs de section et l'on y travaille très sérieusement).

Le *contrôle* seul des travaux coûtait plus cher, autrefois, que le *travail* fait aujourd'hui par 3.500 hommes. Le *bureau des études* comportait un personnel de 761 employés.

L'entreprise des *Travaux Publics* a enlevé seulement 500.000 mètres cubes de terre et elle a réalisé un bénéfice de 40 millions en quelques mois.

A *la Culebra*, on avait installé un système de draguage dont l'organisation a coûté 2.400.000 francs. Il a produit 3.000 mètres cubes de terres enlevées, ce qui met le prix du mètre cube à 800 francs.

A *Emperador*, l'entreprise Jacquemin était payée à raison de 6 francs le mètre cube pour des terrassements. M. Jacquemin ayant déplu au directeur général, celui-ci a résilié son contrat (en payant une indemnité très forte) et il a donné son entreprise au prix de 12 francs le mètre cube au successeur de M. Jacquemin.

A *Emperador* on a payé les terrassements d'une écluse à raison de 75 francs dont 37 fr. 50 c. pour le terrassement proprement dit et 37 fr. 50 c. pour le concassage des pierres contenues dans la terre. (Aujourd'hui, ce même travail est payé 4 fr. 50 c. le mètre cube, tout compris). (Renseignement fourni par l'ingénieur chef de section.)

Au chantier de *Bas-Obispo*, j'ai visité la maison construite pour le directeur des travaux. Dans la salle à manger, il y a des peintures murales qui ont coûté quarante mille francs (40.000).

*La Société des Travaux Publics* s'est surtout occupée de construire des maisons ouvrières. Elle gagnait 3.000 piastres par maison. Aussi en a-t-elle mis partout, si bien qu'après huit années d'interruption dans les travaux, on retrouve encore, en bon état, de quoi loger confortablement de 25 à 30.000 ouvriers.

Il y a notamment :

Aux chantiers de : Emperador . . . 1 église et 430 maisons.
    —         Las-Cascadas. . . . . . . . 240    —
    —         Bas-Obispo . . . . . . . . 360    —

et c'est ainsi tout le long des 72 kilomètres.

A *la Culebra*, l'entreprise Buno-Varilla et C$^{ie}$ a travaillé pendant deux ans et chacun des trois associés a réalisé un bénéfice de 10 millions.

A *Colon*, l'entreprise Jacob était payée *à 12 francs le mètre cube* pour un draguage sous l'eau à la cote (— 9). L'entrepreneur réalisait sur ce travail un bénéfice de 7 *francs le mètre cube*. — Un peu plus tard, au même endroit, on donnait à M. Eiffel, pour un terrassement à ciel ouvert, *36 francs le mètre cube*.

*Pose des voies de service.* — L'entreprise Artigue et Sonderegger avait la pose des voies de service au prix de *100 francs* le mètre courant (la Compagnie leur fournissait les rails et les traverses).

Les deux associés ont gagné chacun plus de 10 millions.

Aujourd'hui, ce même travail est payé 1 piastre le mètre courant, soit environ 2 fr. 30 c.

*Matériel.* — Les achats de matériel ont été tout aussi scandaleux.

Il y a, aux chantiers de la Culebra et d'Emperador, 195 grues à vapeur de 4 et 6 tonnes qu'on n'a jamais allumées. Chacune a coûté, rendue sur place, 50.000 francs. Elles ont été payées au poids et sont construites comme des grues de 10 tonnes.

A *Emperador*, il y a 103 locomotives de 32 à 37 tonnes. Sur tout le parcours il y en a 250.

Au même chantier, on m'a montré 150 perforatrices à vapeur de 35 chevaux dont on ne s'est jamais servi.

Entre le kilomètre 45 et le kilomètre 53 de la ligne, il y a 2.200 wagons de terrassement de 4 mètres cubes.

Les chantiers renferment 1.000 kilomètres de gros rails, 400 kilomètres de voie Decauville et 3.000 wagonnets.

Il y a en outre :

3 dragues marines de 250 chevaux.

22 dragues de 180 chevaux. (Chacune de celles-ci, payée 600.000 francs en Europe, a coûté 1 million, remontée sur place.)

4 dragues de 80 chevaux.

4 — de 60 —

Les excavateurs ne se comptent pas.

Il y a, enfin, un matériel colossal d'objets les plus divers, et qui sont toujours là, dans l'état où ils ont été débarqués, sans qu'on les ait jamais mis en service.

Actuellement, la nouvelle Société, qui travaille sérieusement et qui fait du cube, emploie seulement :

A *la Culebra* : 2 excavateurs, 12 locomotives et 400 wagons de 4 mètres cubes.

A *Emperador* : 7 locomotives, 300 wagons de 4 mètres cubes.

Pour les deux chantiers réunis, il y 50 kilomètres de voie en service.

Ces chiffres permettent d'évaluer le gaspillage d'autrefois.

L'hôpital de la Compagnie, à Panama, a coûté 20 millions de francs. On a construit, à Christophe-Colomb, deux palais, l'un pour M. de Lesseps et l'autre pour le Directeur général. Des chevaux et des voitures furent achetés en grande quantité pour tous les chefs et sous-chefs. L'entretien des écuries coûtait mensuellement des milliers de piastres.

Le matériel accumulé sur la ligne est tellement colossal, qu'après la mise en liquidation de l'ancienne Compagnie *son entretien a coûté cent cinquante mille francs par mois.*

### Nouvelle Compagnie du Canal.

Le *Star et Hérald* de Panama publiait, le 8 décembre 1893, l'article suivant :

« On annonce que MM. Bartissol et Monchicourt ont eu, le 9 no-
» vembre, une réunion avec les représentants des principaux établis-
» sements financiers de Paris. Cette réunion a eu pour objet la créa-
» tion d'un premier capital de 60 millions dont nous avons parlé.
» L'accord, assure-t-on, serait établi en principe sur la constitution
» nouvelle dont feraient partie MM. Bonnardel, Bartissol et quelques
» Sociétés financières qui souscriraient une partie importante du capi-
» tal initial, pour lequel il n'y aurait pas d'émission publique.

» D'autre part, l'agence télégraphique qui, la première, a annoncé
» cette réunion, ajoute que M. Bartissol y a exposé en détail son plan
» pour l'achèvement des travaux du Canal de Panama.

» Contrairement au rapport de la Commission technique, nommée
» par M. Monchicourt, qui concluait à une dépense de 900 millions et
» à une durée de huit années, M. Bartissol ne demande que quatre ans
» et 500 millions. En principe, la réunion a été d'avis de créer une
» Société nouvelle sous le  patronage des premières maisons de ban-
» que et de crédit de France, si le plan de M. Bartissol recevait l'ap-
» probation d'une Commission technique à laquelle il a été immédia-
» tement renvoyé avec l'assentiment de son auteur. »

---

Ce projet s'est réalisé. La **Compagnie Nouvelle du Canal de Panama**, dont le siège est à Paris, 7, rue Louis-le-Grand, s'est cons-tituée en octobre 1894, au capital de 65 millions, dont 5 millions pour le Gouvernement colombien.

La nouvelle Compagnie a complètement renoncé aux errements du passé. A la réclame monstre qui cachait un gaspillage énorme pour un résultat médiocre, elle a substitué un travail très sérieux fait en silence.

Elle a compris qu'après les scandales du Panama, le public n'ajou-
terait aucune foi à des communications périodiques le renseignant sur
la marche des travaux. En conséquence, elle n'a absolument rien dit
et les agents ont eu pour instructions formelles de ne rien dire. —
Chaque fois que les journaux de la localité ont manifesté l'intention
de publier un article sur les travaux de la nouvelle Société, celle-ci,
avertie par certains de ses agents qui font partie des Comités de rédaction, a obtenu que ces articles ne parussent pas.

La Société, qui tient ses projets secrets, se réserve de faire
connaître dans deux ans le travail accompli par elle, avec des ressources relativement modestes. — Elle montrera que pendant qu'on
remuait à Paris la boue du passé, elle accomplissait dans l'isthme un
travail tel qu'il ne sera plus possible de l'abandonner au point où
elle l'aura conduit et elle a l'espoir de trouver alors les ressources
nécessaires à l'achèvement de l'œuvre.

Le personnel du Canal, mieux en situation de juger les choses
que les grands chefs de Paris, a toujours eu confiance.

Comparant ce qui a été fait dans les conditions que l'on sait,
avec ce qui restait à faire, les agents résidant à Panama n'ont pas
cru, lors de la débâcle, que le dernier mot était dit; ils sont restés
sur place, attendant la reprise des travaux et ils ont obtenu de
pouvoir entretenir le matériel en bon état en prévision de cette
reprise.

Le remisage, le classement et la mise en état du matériel ont été
effectués sous la direction de l'ingénieur Menge qui est aujourd'hui
le chef du service technique et l'homme qui finira le canal.

De Colon à Panama, sur tout le parcours du Canal, ce matériel
fantastique est classé avec ordre et remisé sous des hangars parfaitement clos. — Il n'est pas possible de soupçonner que les travaux
ont été interrompus pendant six ans environ. — Et la preuve
que ce matériel a été soigneusement entretenu réside dans ce fait,
qu'à l'heure actuelle, les locomotives, les dragues, les excavateurs,
bateaux, etc., que l'on remet en service, marchent comme au premier
jour.

Il est bien évident que ceci n'est pas vrai pour *tout* le matériel.
Il y a beaucoup de déchet, mais l'approvisionnement est tel que dans

ce qui reste, en bon état, on trouvera largement tous les engins nécessaires.

Le plan mis à exécution par la nouvelle Compagnie du Canal est le suivant :

Attaque des deux points importants : la Culebra et Emperador. — Actuellement, on travaille à ciel ouvert. — On descendra ainsi jusqu'à la cote **45**. Alors, on construira un barrage de façon à avoir un plan d'inondation qui comprendra 11.000 hectares de superficie et qui sera alimenté par les rios : Lapita, Liria, Massambo, Camacha, Sardanilla et Obispo. Il est absolument démontré que pendant la saison la plus sèche, on disposera toujours de la quantité d'eau nécessaire.

On draguera ensuite jusqu'à la cote **40** qui sera le niveau définitif du Canal en ces points de son parcours.

A partir de Colon, il y a 22 kilomètres de Canal complètement terminés, à la cote et à la largeur voulues.

Il y aurait une série de dix écluses doubles pour passer de la cote **0** à la cote **45**.

Si les fonds dont la Société disposera le permettent, on descendra jusqu'à la cote **35** et, dans ce cas, il ne faudrait plus que cinq écluses.

---

Le haut personnel de la nouvelle Compagnie se compose de :

MM. Hutin, directeur général, résidant à Paris, et dont l'arrivée est annoncée à Panama.

Belin, directeur du Service administratif à Panama, aux appointements de 50.000 francs l'an.

Menge, ingénieur, chef du Service technique, spécialement chargé de la 1re circonscription (port de la Boca), aux appointements de 48.000 francs l'an.

Renaudin, ingénieur, chef de la 2e circonscription (Culebra), aux appointements de 40.000 francs.

Il y a, en tout, 64 ingénieurs, comptables, dessinateurs, etc.

Les chantiers de la Compagnie occupaient, au
10 décembre 1896 . . . . . . . . . . . . . . . 2.700 ouvriers
A cette époque, la Compagnie a embauché à
nouveau. . . . . . . . . . . . . . . . . . . 650 —
qui ont été installés à Las-Cascadas
L'entreprise Daydé et Pillé, du port de la Boca,
occupe . . . . . . . . . . . . . . . . . . . 150 —

NOMBRE TOTAL DES OUVRIERS ACTUELLEMENT OCCUPÉS 3.500 hommes.

Enfin, un agent de la Compagnie, M. Cavalier, vient de partir
pour Savanilla où il va recruter 500 hommes, ce qui portera à 4.000
le nombre des ouvriers employés aux travaux du Canal.

Les 3.500 hommes actuellement employés aux travaux sont répartis
comme suit :

A la Culebra . . . . . . . . . . . . . . . . 1.100 hommes.
A Emperador . . . . . . . . . . . . . . . . 700 —
A la Boca (entreprise du Canal) . . . . . . . 600 —
La Boca (entreprise du port) . . . . . . . . 150 —
Las-Cascadas . . . . . . . . . . . . . . . . 650 —
Divers points de la ligne . . . . . . . . . . 300 —

NOMBRE TOTAL DES OUVRIERS. . . . . . 3.500 hommes.

A fin novembre 1896, la Compagnie du Canal dépensait en moyenne
$ 175.000 à $ 200.000 par mois, soit environ 450.000 francs.

Ce chiffre est d'autant plus éloquent que la main-d'œuvre est
actuellement de 3 francs pour les terrassiers, tandis qu'autrefois l'ancienne Compagnie du Canal payait 8 francs par jour aux mêmes ouvriers.
Il est vrai qu'à ce taux réduit la Compagnie a beaucoup de peine à
recruter ses hommes, et qu'elle est obligée d'aller les chercher au loin.
Les 650 hommes nouvellement installés sont des nègres du Congo.

A *la Culebra*, où se donne l'effort principal, la nouvelle Compagnie a recommencé les travaux à la fin de 1894. A l'heure actuelle, elle y a fait. . . . . . . . . . . . . . . . . 850.000 mètres cubes. de terrassements.

A *Emperador*, les travaux ont recommencé en février 1896. On y a fait actuellement. . . . . . . . . . . . . . . . 183.500     —

Total au 31 décembre 1896. . . 1.033.500 mètres cubes.

Ce travail a été fait tout en posant 50 kilomètres de voies.

*La Culebra*, était autrefois à la cote. . . . . . . . . 98.

Elle est aujourd'hui à la cote . . . . . . . . . . . 71.

Dans deux ans, elle sera à la cote. . . . . . . . 45.

A *Emperador*, le terrain est actuellement à la cote 49. Il reste encore environ 140.000 mètres cubes de terre à enlever pour arriver à la cote 45. En juin 1897, ce travail sera complètement terminé.

Les ouvriers d'Emperador iront alors renforcer ceux de la Culebra, où il reste 2.350.000 mètres cubes à enlever pour arriver à la cote 45.

Actuellement, les deux chantiers réunis font 70.000 mètres cubes par mois dans la saison des pluies et 100.000 à 125.000 mètres cubes pendant la saison sèche.

A *Emperador*, on vient d'installer 7 cable-ways sur une distance de 1.500 mètres. Ils peuvent faire ensemble 50.000 mètres cubes par mois. On se sert de ces câbles pour établir une *Cunette d'entrée*, au niveau voulu. Dans cette cunette, on placera ensuite la grande voie pour le terrassement au large.

On voit donc, par ce qui précède, que la nouvelle Compagnie travaille sérieusement.

Toutes les études sont terminées. L'isthme a été fouillé dans toutes ses parties. Il n'y a plus d'hypothèses ni de recherches à faire. — Les travaux s'exécutent d'après un plan d'ensemble bien arrêté. — Il y a sur place un matériel colossal, bien entretenu et distribué sur toute la ligne. Les logements ouvriers construits par l'ancienne Compagnie existent toujours, et ils sont en bon état. — Enfin, le personnel, recruté parmi ce que l'ancienne Compagnie avait de plus sérieux, est expérimenté, acclimaté et rompu à ce genre de travaux.

# RAPPORT

## de la Commission d'études de 1890 au liquidateur
## de l'ancienne Compagnie de Panama.

J'extrais de ce rapport ce qui suit :

A. — « Dans sa dépêche du 12 octobre 1886, le ministre des Finances de la Colombie s'exprime ainsi :

« Considérant que des faits consignés dans le mémoire ci-dessus
» et dans le rapport qui l'accompagne, il résulte que *les ouvrages exécutés*
» *pour le Canal interocéanique représentent actuellement plus de la moitié des*
» *travaux qu'implique la construction totale de ce Canal*, et que, par consé-
» quent, la Compagnie universelle du dit Canal interocéanique a acquis
» le droit parfait à ce qu'on lui adjuge la moitié des terres libres
» mentionnées dans l'article 4 de la loi de 1878, etc., etc. »

B. — *Projet de la Commission d'Études de 1890* (page 21 du rapport) :

On placerait à 34$^m$ 50 au-dessus du niveau de la mer un bief de partage de 20 kilomètres de longueur, compris entre deux barrages fermant, à San Pablo et à Paraiso, les vallées du Chagres et du Rio Grande, et constituant ainsi un lac supérieur alimenté par les eaux du Rio Chagres. Ce bief de partage comprendrait la grande tranchée à travers la Cordillère, longue de 8 kilomètres et profonde de 76 mètres en son point culminant sur l'axe. La descente sur les deux océans se ferait par deux échelles doubles d'écluses sur l'Atlantique, une échelle double et deux écluses séparées sur le Pacifique. La chute de chaque écluse ne dépasserait pas 11 mètres, et chacun de ces ouvrages aurait 20 mètres de largeur et 180 mètres de longueur utile, c'est-à-dire

3

125 mètres entre les portes. Chaque échelon offrirait à la navigation deux. sas accolés. On aboutirait ainsi aux deux biefs maritimes qui seraient en libre communication avec la mer et présenteraient une longueur de 24 kilomètres sur Colon et 12 sur Panama. Entre le bief de partage et le bief maritime, des barrages intermédiaires couperaient les vallées du Chagres et du Rio Grande et formeraient un second étage de lacs, moins importants que le premier, mais contribuant comme lui à l'approvisionnement et à la régularisation des eaux. »

En dehors des lacs, le Canal aurait 9 mètres de profondeur en plein bief; 8$^m$,50 au minimum sur le busc des écluses. — La cunette, à la hauteur de ces mêmes buscs, aurait 22 mètres de largeur avec des talus variables suivant la nature du terrain, mais dont l'inclinaison la plus raide serait un de base pour un de hauteur. Indépendamment du port qui doit se trouver à chaque extrémité, il y aurait un garage au pied de toutes les écluses sur chaque versant et un garage intermédiaire entre Colon et Bohio-Soldado, sur le bief maritime qui n'a pas moins de 24 kilomètres de longueur. — Sur le reste du parcours, ce seraient les lacs qui formeraient garages.

Reçu dans le lac supérieur de 3.000 hectares de superficie, le Rio Chagres s'y épanouirait au moment des grandes crues et trouverait en outre, pour écouler son volume encore redoutable, bien que réduit, plusieurs issues par les déversoirs accolés aux barrages supérieurs. On pourrait ainsi jeter ses eaux dans le Pacifique et dans l'Atlantique, au moment des inondations. Des rapports spéciaux justifient ces dispositions.

C. — *Exécution des travaux* (page 66 du rapport de 1890).

L'exécution des travaux est tout entière subordonnée à l'utilisation du matériel et des installations existants. C'est dans cette prévision que l'évaluation des dépenses a été établie.

Le matériel approvisionné dans l'Isthme a une grande importance.

La délégation envoyée à Panama a constaté que le classement, la mise en état, le sauvetage même des divers outils oubliés dans les remblais ou au fond des fouilles par les entrepreneurs, ont été méthodiquement poursuivis depuis la suspension des travaux. Les ateliers sont en bon état, un ordre parfait règne dans les magasins et le matériel vu sur les chantiers a été nettoyé avec soin et mis à même de résister aux influences atmosphériques. — Au cours de sa tournée, la délégation a eu l'occasion de voir, en outre, en mouvement, plusieurs locomotives, des chaloupes à vapeur et divers outils qui se sont bien comportés.

D'autre part, elle a fait mettre en marche, en sa présence, sur avis donné seulement quarante-huit heures à l'avance, deux excavateurs et une drague à la Culebra, une drague marine à la Boca, plusieurs grues de chargement, etc. L'expérience a été satisfaisante.

Il y a donc dans l'Isthme un matériel d'une valeur réelle. La Commission croit pouvoir affirmer que, sauf peut-être quelques engins spéciaux, ce matériel répond à tous les besoins.

Quels que soient les procédés adoptés, les dragues de toute espèce, les excavateurs, les grues de chargement, les rails, locomotives et wagons de terrassement sont en quantité largement suffisante.

La Commission n'a donc compté dans son évaluation aucune acquisition nouvelle ; les prix qu'elle a appliqués comportent seulement l'entretien et, le cas échéant, le renouvellement de l'outillage par les futurs entrepreneurs.

Les intallations d'ateliers offrent également toute l'ampleur désirable. Les trois principales se trouvent à Colon, à Matachin et à la Boca. — Des installations de moindre importance sont disséminées sur tout le parcours de la ligne. — L'ensemble de ces constructions et des divers outils qu'elles renferment est plus que suffisant pour faire toutes les réparations de matériel que comportera un travail très actif.

Quant aux habitations pour le personnel et les ouvriers, leur nombre est énorme et semble même exagéré, car elles permettent d'assurer le logement de vingt-six à vingt-sept mille ouvriers. De ce chef, il n'y a aucune dépense à prévoir.

Grâce au matériel et aux installations qu'elle trouvera sur place, la nouvelle Société pourra donc immédiatement attaquer le massif de la Culebra et engager le surplus des travaux.

Quels que soient les procédés employés, l'objectif à atteindre, c'est d'arriver à faire en moyenne 1.200.000 mètres cubes par année, cube qu'il faudra atteindre pour être certain de terminer le Canal dans un délai de huit années.

Les autres travaux n'exigent pas la même durée. Chacun des groupes d'écluses pourra se faire en trois ou quatre années au plus. Il en sera de même du barrage le plus important, celui de San Pablo; la Culebra impose seule un travail prolongé de huit années. et c'est elle qui commande la date d'ouverture du Canal.

---

En novembre et en décembre 1896, lorsque j'ai visité à plusieurs reprises les travaux du Canal, en compagnie des chefs de service qui m'ont fourni toutes les explications désirables, j'ai pu constater que tout ce que disait le rapport de la Commission d'études de 1890 est encore vrai aujourd'hui.

Partout on travaille activement. Il y a dans les bureaux et sur les chantiers du Canal un noyau d'agents sérieux et actifs qui ont résisté à quinze années de séjour dans l'Isthme. Ils sont pleins de confiance dans la réussite de l'œuvre.

Dans deux ans, les travaux seront au point où la nouvelle Société s'est proposé de les amener. Elle publiera alors un rapport montrant ce qu'elle a fait et ce qui restera à faire. Il paraît hors de doute qu'en présence du résultat obtenu et de la *preuve faite* que ces travaux sont bien loin de coûter ce que l'on avait supposé, la Société du Canal trouvera alors les fonds nécessaires pour terminer complètement cette entreprise qui doit avoir une influence considérable sur le mouvement commercial du monde entier.

**D.** — *Devis des travaux établi par la Commission d'Études de 1890 (page 73 du rapport).*

| DÉSIGNATION DES OUVRAGES | QUANTITÉS | PRIX D'APPPLICATION | DÉPENSES PARTIELLES | DÉPENSES TOTALISÉES |
|---|---|---|---|---|
| | Mètres cubes. | Fr.  c. | Francs. | Francs. |
| **Article premier. — Terrassements.** | | | | |
| **A.** — *Corps du Canal* NON COMPRIS LES ÉCLUSES | | | | |
| 1. Bief maritime du côté de l'Atlantique | 2.920.000 | 3 50 | 10.220.000 | |
| | 1.590.000 | 5 50 | 8.745.000 | |
| 2. Éboulements et apports à enlever dans la partie déjà creusée de ce bief | 2.000.000 | 3 50 | 7.000.000 | |
| 3. De l'écluse de Bohio-Soldado à la tranchée d'Empérador | 900.000 | 5 50 | 4.950.000 | |
| 4. Tranchée d'Empérador | 7.300.000 | 9 » | 65.700.000 | |
| 5. Tranchée de la Culebra | 8.350.000 | 10 » | 83.500.000 | |
| 6. De la tranchée de la Culebra à l'écluse de Miraflorès | 1.220.000 | 5 50 | 6.710.000 | |
| | 5.780.000 | 3 50 | 20.230.000 | |
| 7. Bief maritime du côté du Pacifique | 1.570.000 | 2 50 | 3.925.000 | |
| | | | | 225.380.000 |
| **B.** — *Fouilles des Écluses.* | | | | |
| Écluses de Bohio-Soldado | 570.000 | 15 » | 8.550.000 | |
| — de San Pablo | 330.000 | 15 » | 4.950.000 | |
| — de Paraiso | 550.000 | 15 » | 8.250.000 | |
| — de Pedro Miguel | 340.000 | 15 » | 5.100.000 | |
| — de Miraflorès | 200.000 | 15 » | 3.000.000 | |
| | | | | 29.850.000 |
| **C.** — *Bassins et Garages.* | | | | |
| Chenal d'entrée à Colon | 900.000 | 5 50 | 4.950.000 | |
| Bassin de Colon | 2.070.000 | 5 50 | 11.385.000 | |
| | 380.000 | 3 50 | 1.330.000 | |
| Garages dans le canal | 900.000 | 5 50 | 4.950.000 | |
| Bassin de Panama | 1.600.000 | 3 50 | 5.600.000 | |
| | | | | 28.215.000 |
| **D.** — *Dérivations du Chagres en aval de Bohio.* | | | | |
| Rive gauche | 280.000 | 4 50 | 1.260.000 | |
| Rive droite | 1.210.000 | 4 50 | 5.445.000 | |
| | | | | 6.705.000 |
| TOTAL des terrassements | | | | 290.150.000 |

D'où ressort un prix moyen par mètre cube,

$$\text{de } \frac{290.150.000}{42.400.000} = 6 \text{ fr. } 90 \text{ c. le mètre cube.}$$

| DÉSIGNATION DES OUVRAGES | QUANTITÉS | PRIX D'APPLICATION | DÉPENSES PARTIELLES | DÉPENSES TOTALISÉES |
|---|---|---|---|---|
| | Mètres cubes. | Fr. c. | Francs. | Francs. |

## Article 2. — Ouvrages d'art.

### A. — *Écluses.*

NON COMPRIS LES FOUILLES DÉJA COMPTÉES DANS LES TERRASSEMENTS

| | | | | |
|---|---|---|---|---|
| Écluses type de San Pablo : | | | | |
| 1. Béton | 150.000$^{m3}$ | 67 » | 10.050.000 | |
| 2. Maçonnerie de pierre de taille | 2.000 | 160 » | 320.000 | |
| 3. — de moellons | 161.000 | 78 » | 12.558.000 | |
| 4. Plus-value pour parements de moellons | 67.000$^{m2}$ | 16 » | 1.072.000 | |
| 5. Portes d'écluses | 2.600 | 1.000 » | 2.600.000 | |
| 6. Machinerie, tuyauterie, appareils de manœuvre | » | » | 1.400.000 | |
| | | | | 28.000.000 |
| Écluses de Bohio-Soldado | » | » | » | 24.000.000 |
| — de Paraiso | » | » | » | 26.000.000 |
| — de Pedro Miguel | » | » | » | 14.000.000 |
| — de Miraflorès | » | » | » | 18.000.000 |
| TOTAL pour les écluses | » | » | » | 110.000.000 |

*Nota.* — Le prix moyen du mètre cube de maçonnerie dans les écluses, parement compris, est de 74 francs.

### B. — *Barrages et Déversoirs*

Y COMPRIS LES TERRASSEMENTS SPÉCIAUX DE CES OUVRAGES

| | | | | |
|---|---|---|---|---|
| Barrages et déversoirs de Bohio-Soldado | » | » | » | 10.000.000 |
| — — San Pablo | » | » | » | 40.000.000 |
| — — Paraiso | » | » | » | 1.500.000 |
| — — Pedro Miguel | » | » | » | 750.000 |
| — — Miraflorès | » | » | » | 750.000 |
| TOTAL pour les barrages | » | » | » | 53.000.000 |

### C. — *Siphons d'introduction des eaux dans le bief supérieur du canal.*

| | | | | |
|---|---|---|---|---|
| Pour l'ensemble des siphons | » | » | » | 5.150.000 |
| TOTAL des ouvrages d'art | » | » | » | 168.150.000 |

| DÉSIGNATION DES OUVRAGES | QUANTITÉS | PRIX D'APPLICATION | DÉPENSES PARTIELLES | DÉPENSES TOTALISÉES |
|---|---|---|---|---|
| | Mètres cubes. | Fr. c. | Francs. | Francs. |
| **Article 3. — Dérivation du chemin de fer.** | | | | |
| Dérivation de la ligne . . . . . . . . . . . . . | 35 kilom. | 250.000 | 8.750.000 | |
| Viaduc de Gamboa . . . . . . . . . . . . . . . | » | » | 1.750.000 | |
| Total de la dérivation. . . . . | » | » | » | 10.500.000 |
| **Article 4. — Expropriations.** | | | | |
| Montant total de la dépense . . . . . . . . . . | » | » | » | 16.000.000 |
| **Article 5. — Installations d'éclairage.** | | | | |
| Montant total de la dépense . . . . . . . . . . | » | » | » | 1.000.000 |

## RÉCAPITULATION

Article premier. — Terrassements . . . . . Fr. 290.150.000

Art. 2. — Ouvrages d'art
- Écluses. Fr. 110.000.000
- Barrages et déversoirs 53.000.000
- Siphons . . 5.150.000

           168.150.000

Art. 3. — Dérivation du chemin de fer. . . . . 10.500.000

Art. 4. — Expropriations . . . . . . . . . . . 16.000.000

Art. 5. — Installation d'éclairage. . . . . . . 1.000.000

Total des travaux prévus . . . Fr. 485.800.000

Somme à valoir 20 0/0 . . . . . . 94.200.000

Total pour les travaux proprement dits. Fr. 580.000.000

Frais généraux 10 0/0 . . . . . . . . . . . 58.000.000

Total . . . . A reporter. Fr. 638.000.000

$$Report. \ldots . \text{Fr.} \quad 638.000.000$$

CHARGES FINANCIÈRES :

Frais d'émission 5 0/0.

Intérêts intercalaires 6 0/0 pendant 8 ans, les capitaux étant appelés à mesure des besoins; — donc il faut compter 4 ans, soit 24 0/0

$$\text{Soit 29 0/0 sur Fr.} \quad 638.000.000 = \text{Fr.} \quad 262.000.000$$

$$\text{TOTAL GÉNÉRAL} \ldots . \text{Fr.} \quad 900.000.000$$

Il est prouvé aujourd'hui que ce devis, établi en 1890, a été considérablement exagéré sous l'empire des anciens errements.

Les terrassements, comptés en moyenne à 6 fr. 90 c. le mètre cube, sont payés à la Culebra, à l'heure actuelle, au prix de 2 fr. 20 c. par wagon de 4 mètres cubes.

D'après M. Menge, le chef du service technique, avec qui j'ai eu de fréquents entretiens à ce sujet, lorsque, dans deux ans, la Société du Canal aura amené la Culebra à la cote 45, avec les ressources dont elle dispose actuellement, il suffira de 450 millions pour terminer complètement le Canal et le livrer à la navigation.

----

Tandis que ce rapport était à l'impression, on me communique un article du *New York Herald* (édition de Paris), daté du 5 janvier 1897, ainsi qu'un autre article paru dans *le Figaro* du 24 janvier 1897. — Je les transcris ci-après :

*New York Herald, 5 janvier 1897.*]

## WORK ON THE PANAMA CANAL

**Reported attempt to reorganize the Company premature, as capital is not yet desired.**

[SPECIAL DESPATCH TO THE HERALD]
*(By Commercial Cable.)*

PANAMA, Jan. 4. — A despatch received yesterday from Paris, announcing that an attempt was being made to reorganize the Panama Canal Company, is regarded here as premature.

Officials told the Herald Correspondent yesterday that the Company is employing three thousand men under the reorganization effected two years ago.

Their object is to regain public confidence and show that the scheme is practicable. Until this is accomplished, no appeal will be made to raise capital.

*Figaro du 24 janvier 1897.*

## LE CANAL DE PANAMA

Londres, le 20 janvier 1897.

Voici, sur cet intéressant sujet, une lettre que sir Howard Vincent, le membre du Parlement bien connu, a bien voulu me communiquer. Elle vient d'un voyageur anglais et est datée de Costa-Rica, le 22 décembre dernier :

« Ayant récemment traversé et retraversé l'isthme de Panama, mes observations sur l'état des travaux du Canal peuvent vous intéresser. A Culebra, on a fait de bonne besogne et creusé un chenal de dix à douze pieds de profondeur sur toute la largeur. Je suis sûr que vous seriez aussi étonné que moi de ce qui a été accompli.

» Pendant que les travaux continuent sur toute la longueur du Canal, à la Boca, c'est-à-dire à l'embouchure située sur le Pacifique, on construit des wharfs de façon à permettre à tous les steamers de venir à quai, de débarquer leurs passagers et de décharger leurs marchandises.

» Les salaires des manœuvres ont été réduits à un dollar par jour, en moyenne, ce qui, au cours actuel équivaut à peu près à 1 shilling 9 pence (2 fr. 15 c.).

» Un certain nombre d'ouvriers, venant d'une colonie africaine française, ont dernièrement débarqué à Colon.

» De la façon dont l'entreprise est menée en ce moment, le Canal sera certainement complété.

» L'an dernier, M. X... a traversé l'isthme en se rendant au Pérou, et nous nous sommes rencontrés sur le même steamer : ses observations, faites à l'époque, concordent avec les miennes. Il a été surpris de ce qui avait été fait même alors. Je puis affirmer que l'on fait plus de besogne maintenant et avec moins d'hommes que jamais et sans l'armée de fonctionnaires jadis stationnés à Panama.

» Je n'ai pas d'intérêt direct ou indirect dans le Canal, mais, sachant combien vous vous y intéressez, je suis heureux de vous faire part de mes observations.

» La façon dont on travaille maintenant amènera certainement l'achèvement du Canal. Le travail d'excavation se fait avec une dépense inférieure de moitié à ce qu'il coûtait autrefois et sans le grand nombre de fonctionnaires que l'on avait.                » P. V. »

# ÉVALUATION

## du Trafic probable du Canal Interocéanique de Panama.

---

### I

On peut diviser le commerce maritime susceptible d'emprunter la voie du Canal de Panama, en quatre groupes, savoir :

*Premier groupe.* — Commerce des pays d'Europe avec la côte du Pacifique du continent américain.

*Deuxième groupe.* — Portion du commerce de l'Europe avec l'Extrême-Orient (Inde, Chine, Indo-Chine, Japon) et l'Océanie (Malaisie, Australasie, Archipels océaniens) susceptible de prendre la voie de Panama de préférence à celle de Suez et à la traversée par les Caps.

*Troisième groupe.* — Cabotage entre les deux côtes (Atlantique et Pacifique) du continent américain.

*Quatrième groupe.* — Commerce de l'Extrême-Orient et de l'Océanie avec la côte Atlantique du continent américain.

---

### II

**Valeur de la marchandise rapportée au tonneau de jauge,**

Avant d'indiquer la valeur du commerce correspondant aux quatre groupes ci-dessus, il faut rechercher pour chacun d'eux, le prix moyen des marchandises correspondant au tonneau de jauge, prix moyen qu'on peut appeler le *diviseur*, ainsi qu'on l'a fait au Congrès de 1879. C'est en effet par le nombre qu'il représente qu'il faut diviser la valeur du commerce pour obtenir le nombre de tonneaux.

La Commission de statistique de 1879 avait adopté à ce sujet, la manière de voir suivante :

Pour un million de tonneaux correspondant à des marchandises d'un prix peu élevé (grains, farines, guanos, nitrates) elle avait admis l'égalité entre la tonne-poids et le tonneau de jauge, et adopté le chiffre de 200 francs comme diviseur de 200 millions de produits. Pour le reste du commerce, elle avait choisi le chiffre de 375. Il est certain qu'on arrivera à une évaluation plus exacte en adoptant une série de diviseurs au lieu d'un diviseur unique.

Je vais indiquer ces différents diviseurs et donner les motifs qui les ont fait choisir, en rappelant, sommairement pour chaque groupe, la nature des échanges correspondants.

## PREMIER GROUPE

*Commerce des pays d'Europe avec la côte Pacifique américaine.*

L'exportation d'Europe qui se fait surtout par les ports de Londres, Liverpool, Glasgow, le Havre, Bordeaux, Anvers, Hambourg, Brême, etc., consiste surtout en objets fabriqués : meubles, tissus, vêtements, vins, porcelaine et cristaux, librairie, articles de Paris, etc. Inversement, les États américains fournissent à l'Europe les articles suivants :

*Colombie britannique.* (Par les ports d'Esquimal-Victoria.) Territoires d'Alaska et de Washington et États d'Orégon et de Californie (par les ports d'Olimpia, San-Diego, Wilmington et surtout San-Francisco) :
Bois, cuirs, peaux, mercure, résines, graisses, métaux bruts, conserves et surtout des céréales, farines et produits dérivés (bread-stuffs),

*Mexique.* (Ports de Guaymas, Mazatlan, San-Blas, Mazanillo, Acapulco, etc.) :
Cuirs, peaux, cafés, vanille, tabacs, chapeaux de paille, ixtle, indigo, chiendient, marbre et onyx, etc.

*Amérique Centrale.* (Ports de Champerico, San-José, dans le Guatémala ; Amapala, dans le Honduras ; Acajuda, Libertad, Union, dans le Salvador; Corinto, dans le Nicaragua, et Punta-Arenas, dans le Costa-Rica) :

Sucres, cafés, bétail, peaux, lainages, tabacs, cacao, bananes, salsepareille, bois, indigo, gomme élastique, écailles de tortues, caoutchouc, nacre, minéraux, etc.

*Colombie.* (Ports de Panama, Buenaventura, Tumaco) :
Tabac, cacao, bois, cafés, coton, indigo, chapeaux de paille.

*Équateur, Pérou, Bolivie.* (Ports de Guayaquil, Payta, Callao, Arica) :
Sucre, café, cacao, peaux, ivoire végétal, sel, métaux, riz, caoutchouc, quinquina, laines, cuirs et poils, etc.

*Chili.* (Ports d'Iquique, Antofagasta, Caldera, Coquimbo, Valparaiso, Concepcion, etc.) :
Cuivre en barre, minerais, céréales, nitrates et guanos, etc.

Quelques-uns de ces produits, notamment parmi ceux de la Californie, du Pérou et du Chili, sont à bas prix et ne valent guère que 200 francs la tonne-poids; mais si l'on considère qu'ils ont un coefficient de charge (rapport du nombre de tonnes-poids que peut porter un navire au nombre de tonneaux de jauge de ce navire) notablement supérieur à l'unité, on reconnaît que, même appliqué exclusivement aux céréales et aux nitrates, le diviseur de 200 ne serait probablement pas assez élevé. Les autres marchandises correspondant à ce groupe ont d'ailleurs une grande valeur; on est très près de la vérité en prenant comme diviseur général pour le premier groupe, le chiffre de 330. Il correspond au commerce de la France avec le Pérou qui donne exactement 329.

## DEUXIÈME GROUPE

*Commerce de l'Extrême-Orient asiatique, de l'Australasie et de l'Océanie avec l'Europe.*

Le diviseur de 375, qu'en dehors des farines, des nitrates, guanos, le Congrès de 1879 avait admis comme diviseur général est trop faible, pour le deuxième groupe surtout.

Il résultait du quotient du commerce général de l'Angleterre par le tonnage correspondant dans une période de quinze ans (de 1862 à 1877). Or, on est exposé à de grands mécomptes en appliquant le diviseur fourni par le commerce global d'une puissance aux transactions maritimes de cette puissance avec une région déterminée, surtout si elles sont subordonnées au transit dans un canal à péage où le nombre des navires sur lest ou peu chargés sera toujours relativement restreint.

Cette observation s'applique particulièrement à l'Angleterre, à cause de ses exportations de charbon qui abaissent son diviseur général à la fois par le faible prix de la marchandise et par les nombreux retours sur lest des navires qui la transportent.

Le quotient des autres puissances en fournit la preuve :

D'après le Congrès de 1879, on avait :

<pre>
Pour l'Angleterre. . . . . . . Fr.  375  »
Pour la France . . . . . . . .      670  »
Pour les États-Unis . . . . . .     289  »
</pre>

En 1888, par suite de la baisse de prix des marchandises, ces quotients sont devenus :

<pre>
Pour l'Angleterre . . . . . Fr.  246  »
Pour la France . . . . . . .      297  »
Pour les États-Unis . . . . . .   235  »
</pre>

Tout autres sont les chiffres auxquels on arrive lorsqu'au lieu de prendre l'ensemble du commerce, on considère spécialement les pays qui nous occupent et que l'on se base sur les renseignements fournis par un certain nombre de navires n'ayant touché qu'un seul port dans chacun des deux pays mis en communication. Par exemple, pour l'Australie et la Nouvelle-Zélande, les échanges qui s'effectuent entre Londres et Liverpool d'un côté et d'autre part, les ports de Adélaïde, Brisbane, Hobart-Town, Melbourne, Sydney, Mackay, New-Norfolk, Georgetown, Wellington, etc., où sont importés les produits manufacturés et d'où s'exportent la laine, les produits animaux, les conserves, la viande congelée, l'étain, le cuivre, le tabac, une certaine quantité de grains, du coton, des plumes d'autruche et même du vin et des raisins, s'appliquent à des produits d'un prix moyen assez élevé et il résulte de documents certains provenant du *Board of Trade* et de divers armateurs anglais, que pour les navires spécialement affectés à ce commerce, tant à voile qu'à vapeur, à l'aller comme au retour, la valeur correspondant au tonneau de jauge est comprise entre 500 et 600 francs.

Dans les relations de l'Europe avec l'Asie orientale, qui ont lieu par les ports de Yokohama, Shangaï, Hong-Kong, Macao, Singapour, Batavia, Malacca, Manille, etc., les marchandises échangées : objets de l'industrie européenne, d'une part, et d'autre part, graines ou œufs de vers à soie (sous diverses formes), thé, sucre, tabac, meubles, riz, cafés, etc. ont une valeur au moins aussi élevée.

On en a une preuve par les résultats du canal de Suez pour lequel la valeur des produits qui transitent ne peut être évaluée à moins de 3 1/2 milliards à 4 milliards, correspondant à peine à 7 millions de tonnes.

Nous adoptons en conséquence, pour ce groupe, le diviseur 500 francs.

## TROISIÈME GROUPE

*Cabotage entre les deux côtes du continent américain.*

Tenant compte de ce que les importations de guano et de nitrates sont moindres aux Etats-Unis qu'en Europe, et de ce que les produits manufacturés en Amérique sont en général d'un prix moins élevé que ceux qui sont expédiés d'Europe dans l'Extrême-Orient et en Océanie, nous adoptons le diviseur de 400 francs.

## QUATRIÈME GROUPE

*Extrême-Orient et Océanie, avec la côte Atlantique de l'Amérique.*

Les produits que l'Asie orientale et l'Océanie envoient à la côte Atlantique du continent américain (États-Unis principalement) sont à peu près les mêmes que ceux qu'ils expédient en Europe. Seulement, la proportion des marchandises d'un prix très élevé, comme les grai nes de vers à soie et la soie elle-même, sont dans une proportion moindre.

D'autre part, les produits exportés des Etats-Unis dans ces régions ont moins de valeur que ceux qui proviennent d'Europe. Pour ces raisons, nous pensons que le diviseur doit être moindre que celui du deuxième groupe et, comme pour le troisième, nous prenons le chiffre de 400 francs pour le quatrième groupe.

Nous possédons maintenant tous les éléments nécessaires pour transformer en tonneaux le prix des marchandises.

---

## III

### Trafic probable du Canal.

Les statistiques ne donnant que le commerce maritime direct, c'est-à-dire comptant pour l'Atlantique les marchandises débarquées à Colon, il y a donc lieu de considérer à part le transit qui se fait déjà par l'Isthme en empruntant la voie du chemin de fer de Colon à Panama.

On arriverait à des chiffres beaucoup trop élevés si l'on prenait comme indication le tonnage du port de Colon, tonnage qui s'est élevé en 1885 à un million de tonneaux.

Colon, en effet, ne doit être regardé que comme une escale pour les nombreux paquebots qui y touchent et dont il ne faudrait qu'une faible part pour faire transiter dans le Canal la totalité des chargements partiels qu'ils débarquent dans ce port. On peut, au contraire, en y appliquant toutefois encore une certaine réduction, prendre pour base d'évaluation le tonnage des navires entrés à Panama ou sortis de ce port (parmi les vapeurs, une large part est déjà constituée par des lignes régulières ayant Panama comme tête de ligne).

L'étude du transit du Panama-Rail-Road contrôle d'ailleurs ce résultat.

En 1888, le tonnage total (entrées et sorties) du port de Panama a atteint 395.000 tonneaux, dont 385.000 tonneaux pour les vapeurs.

En défalquant 75.000 tonneaux réservés pour le transit américain, il reste 310 tonneaux dont nous prenons les 8/10, soit 240.000 tonneaux comme fournis par des échanges entre l'Europe et le Pacifique.

## PREMIER GROUPE

Cherchons à évaluer la part possible du Canal dans le commerce qui actuellement se fait entre l'Europe et la côte ouest de l'Amérique, exclusivement par navires passant par le détroit de Magellan et par le cap Horn. Nous suivrons, sur la côte américaine, l'ordre du nord au sud :

A. — *Colombie britannique et États-Unis* (Pacifique). — Le commerce maritime de l'Europe avec la côte Pacifique de l'Amérique anglaise et des États-Unis s'est élevé, en 1888, au chiffre rond de 167.000.000 de francs.

Les calculs (voir tableau A, page 42) montrent que le bénéfice du passage par le Canal de Panama sera très supérieur à la dépense. Nous compterons donc la totalité de ce chiffre, soit . . . . . . . . . . . . . . . . . . . . . . . Fr.  167.000.000  »
(dont 146.000.000 pour l'Angleterre, — 11.000.000 pour la France, et le reste pour les autres pays d'Europe).

B. — *Mexique.* — Sur les 55.000.000 de commerce de l'Europe avec le Mexique, quoique le droit de 25.000 francs de transit par le Canal laisse encore un bénéfice considérable, comme il convient d'admettre que les 3/4 du commerce de ce pays se font sur la côte Atlantique, et principalement par les ports de Véra-Cruz, Progresso, Campêche, Tampico, etc. il n'y a lieu de compter que le 1/4 pour le Canal, soit . . . . . . . . . . . . . . . 14.000.000  »

*A reporter* . . . . . Fr.  181.000.000  »

*Report*. . . . . Fr. 181.000.000 »

C. — *Républiques du Centre-Amérique* (Costa-Rica, Nicaragua, San-Salvador, Guatémala, Honduras). — Dans la situation actuelle des voies de communication par terre, on peut inscrire, en faveur du Canal, la totalité du commerce avec l'Europe, soit . . . . . . . . . . . . . . . . . . . . . 116.000.000 »

D. — *Colombie.* — Presque tout le commerce de ce pays est concentré sur l'Atlantique ; 1/5 seulement du total, qui est de 155.000.000, peut être attribué au Canal, soit. . . . . . . . . . . . . . 31.000.000 »

E. — *Pérou, Bolivie, Équateur.* — L'application du droit de transit de 25.000 francs laisserait encore un bénéfice en faveur de la traversée par le Canal. Nous retiendrons la totalité du commerce de ces pays avec l'Europe, soit . . . . . . . . . . . . . 191.000.000 »

F. — *Chili.* — Le commerce de l'Europe avec le Chili a atteint 278.000.000 de francs en 1888.

Comme l'économie de la dépense en mer de la traversée par le Canal, d'Europe à Valparaiso, ou inversement, ne sera que de 9.940 francs, un droit de transit de 25.000 francs entraînerait une perte de 15.560 francs.

Pour le port d'Iquique, la perte serait encore de 4.000 francs. On serait donc tenté, à première vue, de ne rien compter du commerce avec ce pays. — Mais si l'on réfléchit que des lignes régulières étant établies entre l'Europe et le Pacifique, les navires qui viendront au Pérou se trouveront très rapprochés du Chili, on reconnaît que certains d'entre eux auront intérêt à descendre dans le Sud pour amener et prendre des passagers et des marchandises dans les ports d'Iquique, Valparaiso, etc.

*A reporter*. . . . . Fr. 519.000.000 »

*Report.* . . . . . Fr. 519.000.000 »

C'est pour cette raison que nous comptons à l'actif du Canal un tiers du commerce du Chili avec l'Europe, soit . . . . . . . . . . . . . . . . . 93.000.000 »

LE PREMIER GROUPE DONNE DONC . . . . . Fr. 612.000.000 »

qui, avec le diviseur de 330 francs (voir page 28), donne 1.850.000 tonneaux, chiffre auquel il y a lieu d'ajouter pour le transit actuel par l'Isthme 240.000 tonneaux (voir page 32), ce qui conduit en tout, pour le premier groupe, à un tonnage de 2.090.000 tonneaux.

## DEUXIÈME GROUPE

La Commission de statistique de 1879 avait admis que l'ensemble de ce commerce pouvait fournir un quart de sa valeur au Canal. Cette proportion paraît trop élevée, tant en raison de la courte distance de la Chine, du Japon, de la Malaisie, par la voie de Suez, que des escales importantes que les navires rencontreront de ce côté, sur le chemin de l'Europe. Si l'on se borne à comparer les deux routes par Colon et par le détroit de Magellan, on reconnaît, en consultant le tableau A (page 42), que pour toutes les îles de la partie australe du Pacifique (Tahiti, Fidji, Nouméa, Nouvelle-Zélande, Australie, Tasmanie, Java), le bénéfice, d'ailleurs assez faible, sur la dépense en mer que procurerait la première de ces routes serait bien inférieur au droit de 25.000 francs (1), et qu'il serait au contraire supérieur pour la région située au nord de l'Équateur, c'est-à-dire Hawaï, la Chine, le Japon et les Philippines.

Mais d'un autre côté, et sauf Hawaï, dont le commerce avec l'Europe est à peu près nul, pour ces derniers États (ainsi que pour les îles de la Sonde, l'Australie, la Tasmanie et à plus forte raison pour l'Inde anglaise), la voie actuelle par Suez avec escales à Aden, Colombo, Singapour, etc., est beaucoup plus courte.

Néanmoins, en tenant compte de la possibilité de voir une portion

_______________

(1) On suppose que le droit de transit par le Canal sera de 12 fr. 50 c. la tonne ce qui correspond à 25.000 francs pour un navire-type de 2 000 tonneaux.

des exportations européennes, qui aujourd'hui passent par Suez ou doublent les Caps, détournée par un certain nombre de navires qui feraient le tour du monde de l'est à l'ouest en traversant Panama; en admettant qu'un certain nombre de bâtiments chargeront en Océanie, en partie pour l'Europe et en partie pour l'Amérique où ils continueront leurs opérations commerciales, on peut estimer qu'une certaine fraction du commerce de ce groupe est susceptible d'être attirée dans la clientèle du canal de Panama.

Voici quelles sont les appréciations pour les diverses régions de ce groupe.

A. — Fidji, Tahiti, Nouvelle-Calédonie, etc. — 2/10 du commerce, qui est d'environ 20.000.000 .    4.000.000 »

B. — Nouvelle-Zélande, Queensland, Victoria, Tasmanie, Nouvelle-Galles du Sud. — 1/10 du commerce, qui est de 1.320.000.000 . . . . . . . .   132.000.000 »

C. — Indes Néerlandaises. — 1/20 seulement du commerce, qui est de 486.000.000. . . . . .   25.000.000 »

D. — Philippines. — 1/10e du commerce, qui est de 69.000.000. . . . . . . . . . . . . . .   7.000.000 »

E. — Japon. — 1/10e du commerce, qui est de 254.000.000 . . . . . . . . . . . . . . . .   25.000.000 »

F. — Chine (y compris Hong-Kong et Macao). — 1/10e du commerce qui est de 580.000.000 . .   58.000.000 »

Ensemble. . . . . Fr.   251.000.000 »

Ce qui, avec le diviseur de 500 (voir page 30) correspond à un tonnage de 500.000 tonneaux pour le deuxième groupe.

## TROISIÈME GROUPE

En prenant New-York comme position moyenne des ports de l'Amérique du Nord, on reconnaît, à l'aide du tableau B (page 43), que l'économie en mer résultant du passage par le Canal sera, pour toutes les traversées, supérieure au droit de transit dans les conditions susmentionnées. On peut donc comprendre dans la clientèle du Canal la totalité de ce commerce, qu'on peut décomposer comme suit :

A. — *Du Nord Atlantique au Sud Pacifique.* — Le commerce des ports atlantiques des États-Unis avec le Chili, la Bolivie, l'Équateur, le Pérou et les ports de la Colombie sur le Pacifique, d'après les statistiques, s'élève à . . . . . . . . . . . . . Fr.   51.000.000   »

Pour le Canada, le Mexique et l'Amérique centrale (côté est), qui n'ont d'ailleurs que peu de relations avec la côte Pacifique sud-américaine, on n'a que des documents incomplets. On peut admettre une valeur de. . . . . . . . . . . . . .   4.000.000   »

B. — *Du Nord Pacifique au Sud Atlantique.* — Pour ces régions, les statistiques donnent entre les États-Unis (côte ouest), le Brésil et les Antilles, 5.000.000.

Elles sont muettes en ce qui concerne les relations de la Colombie britannique avec les mêmes pays, ainsi que pour les échanges entre San-Francisco, Vancouver et la République Argentine, le Paraguay, etc.

Nous ne portons donc que le chiffre de. . . .   5.000.000   »

C. — *D'une côte à l'autre de l'Amérique du Sud.* — Pour le cabotage d'une côte à l'autre de l'Amérique du Sud, susceptible de transiter par le Canal de Panama, les statistiques ne fournissent rien, et en réalité ce commerce est aujourd'hui nul, excepté entre le Chili et la République Argentine qui doivent être prochainement reliés par un chemin de fer et qui, d'ailleurs, seront toujours plus rapprochés par Magellan que par le Canal. Nous ne le mentionnerons donc que pour. . . . . . . . . . . . . . Mémoire.

*A reporter.* . . . . . Fr.   60.000.000 ' »

*Report.* . . . . Fr. 60.000.000 »

**D.** — *D'une côte à l'autre de l'Amérique du Nord.*
— Il y a lieu de compter :

1° La valeur des marchandises qui passent déjà par la voie ferrée de Panama et, après avoir été débarquées des navires arrivant à Colon, sont ensuite embarquées sur des navires partant de Panama.

Leur valeur, d'après l'*Annual Report* des États-Unis, s'élève à . . . . . . . . . . . . . . .  30.000.000 »

2° Le commerce maritime passant encore par le cap Horn et le détroit de Magellan était en 1888 de 185.000 tonnes, ce qui, au prix de 400 francs la tonne, correspond à . . . . . . . . . . . . . .  74.000.000 »

3° Le commerce maritime entre le Canada et la Colombie britannique et celui de ces mêmes pays avec les côtes opposées des États-Unis donnent. .  6.000.000 »

4° La part que la marine reprendrait immédiatement au trafic considérable qui a été enlevé par les chemins de fer à l'ancienne navigation par Magellan et le cap Horn et pour laquelle ceux-ci ne peuvent descendre au-dessous de leurs frais de traction. Cette part peut être évaluée au chiffre admis par le Congrès de 1879 . . . . . . . . . .  50.000.000 »

TOTAL POUR LE TROISIÈME GROUPE. . . . Fr. 220.000.000 »

Ce qui, avec le diviseur de 400 francs (voir page 30) pour la valeur d'une tonne donne 550.000 tonneaux.


## QUATRIÈME GROUPE

L'examen du tableau B montre le bénéfice que le commerce maritime entre l'Atlantique, l'Océan, la Chine, le Japon et même les îles de la Sonde, retirera de la traversée par le Canal en payant un droit de navigation de 12 fr. 50 c. par tonneau (1); mais les navires chargés pour la Nouvelle-Zélande, l'Australie, la Tasmanie, ou en provenance de ces pays verront les bénéfices de la traversée en mer absorbés par les droits de transit; nous croyons toutefois que même avec une perte qui restera d'ailleurs légère, une partie de ces navires passera néanmoins par le Canal; mais pour les navires à voiles le choix entre les deux routes ne saurait être douteux, et ils préféreront celle du Canal de Panama.

On peut donc estimer comme suit la part du commerce de chacun des pays compris dans ce groupe, qui pourra passer par le Canal.

A. — *Archipels de l'Océanie.* — Le commerce de ces archipels était en 1888 représenté par 89.000.000 de francs dont nous prendrons seulement la moitié, la plus grande partie de ce commerce étant actuellement concentré sur le Pacifique, soit . Fr.    45.000.000 »

B. — *Chine et Japon.* — La Chine (y compris Hong-Kong) et le Japon (que nous réunissons parce que plusieurs statistiques concernant ces pays ne font pas de distinction) avaient ensemble et d'après de nombreux documents officiels, concordant suffisamment entre eux, un commerce de 248.000.000 de francs avec les États-Unis, dont 140.000.000 de francs directement avec la côte Atlantique et 108.000.000 de francs aboutissant actuellement aux ports du Pacifique.

On peut donc estimer que dès l'ouverture du Canal, et sans supposer ce commerce augmenté, la moitié au moins du trafic actuellement retenu sur le Pacifique empruntera la nouvelle voie et par suite donnera comme transit possible entre la Chine et le Japon d'une part et les États-Unis de l'autre :

$140.000.000 + \frac{108.000.000}{2} =$ . . . . . . . . . . . .    194.000.000 »

$A\ reporter$ . . . . . Fr.    239.000.000 »

---

(1) Ce qui correspond à 25.000 francs pour un navire-type de 2.000 tonneaux.

*Report.* . . . . . Fr.  239.000.000  »

En opérant de même, et en s'appuyant sur les mêmes documents officiels, on trouve, pour le commerce des mêmes pays avec le Canada (côte Atlantique) . . . . . . . . . . . . . . . . . . .  12.000.000  »

Les statistiques ne donnent absolument rien pour le commerce de la Chine et du Japon et de tout l'Extrême-Orient avec le Mexique, le Honduras, les Antilles, le Vénézuéla, les Guyanes, le Brésil, la République Argentine, etc.

Nous ne comptons rien de ce chef, mais nous ferons observer que, par suite de l'ouverture du Canal, il s'établira forcément un certain trafic entre ces derniers pays d'Amérique et l'Extrême-Orient, et nous gardons le bénéfice de cette observation au point de vue de l'accroissement du trafic à espérer dans l'avenir.

C. — *Philippines.* — Le commerce de Manille et des autres ports des Philippines avec les États-Unis était, en 1888, de 52 millions.

Nous en attribuions les 3/4 au Canal, soit. . .  35.000.000  »

D. — *Australasie.* (Australie, Tasmanie, Nouvelle-Zélande.) — En 1888, le commerce de l'Australie avec les Etats-Unis était de 84 millions dont les 4/5 au moins devront emprunter la voie de Panama; car déjà maintenant, la part des ports américains de l'Atlantique en atteint presque la moitié. Nous comptons de ce chef. . . . . . . .  67.000.000  »

E. — *Indes anglaises* (Côte orientale, Birmanie, établissements anglais du détroit de Malacca, etc.) et *Indes Néerlandaises.* — Ces différents pays ont, avec les États-Unis et le Canada un commerce de

*A reporter.* . . . . . Fr.  353.000.000  »

*Report*. . . . . Fr.  353.000.000  »

128 millions environ. Pour Batavia et Singapour, et
à plus forte raison pour tous les ports situés à l'ouest
(Birmanie, Indes anglaises), la route est plus courte par
Suez. La plus grande partie de ce commerce continuera
à parvenir aux Etats-Unis *via* Suez et Gibraltar, souvent
même après avoir passé par les entrepôts d'Europe.

Nous pouvons admettre que le tiers environ empruntera la voie de Panama. . . . . . . . . . .  43.000.000  »

Total pour le quatrième groupe . . . Fr.  384.000.000  »

En divisant par 400 francs la valeur attribuée pour ce groupe au
tonneau de jauge (voir page 31), nous arrivons au total de
960.000 tonneaux pour le quatrième groupe.

---

## RÉCAPITULATION

Si nous additionnons les résultats auxquels nous sommes arrivés
pour chacun des groupes, savoir :

|  |  |  |  |
|---|---|---|---|
| Premier groupe | (voir page 34) . . . | 2.090.000 | tonneaux |
| Deuxième groupe | ( — 35) . . . | 500.000 | — |
| Troisième groupe | ( — 37) . . . | 550.000 | — |
| Quatrième groupe | ( — 40) . . . | 960.000 | — |

nous arrivons au total général de. . . . .  4.100.000 tonneaux

comme représentant le tonnage net des navires pour lesquels, dès
1888, la route de Panama eût été la voie la plus naturelle et, dans
une assez grande mesure, la plus avantageuse, malgré un droit de
transit de 12 fr. 50 c. équivalent, pour le navire type de 2.000 tonnes
et d'une vitesse de 250 milles par jour, à une dépense supplémentaire
de 25.000 francs.

Il importe de remarquer que les évaluations ci-dessus ne doivent pas être considérées comme fournissant le tonnage probable, mais bien le tonnage possible dont le Canal prendra une part d'autant plus grande qu'il présentera plus d'avantages et de facilités de toutes sortes.

Toutefois, en tenant compte de l'accroissement naturel du commerce, si aucune cause extraordinaire ne vient l'entraver, on peut adopter comme tonnage effectivement probable, au bout de trois ou quatre ans d'exploitation, le chiffre de 4.100.000 tonneaux.

Il est certain que ce tonnage de 4.100.000 tonneaux ne sera pas atteint dès la première année d'exploitation. Il faudra quelque temps pour que la marine de commerce accepte la nouvelle voie et change ses habitudes.

On peut estimer que la première année ne donnera pas plus de 1 million de tonneaux, la deuxième 2 millions, la troisième 3 millions, et la quatrième les 4.100.000 tonneaux, sur lesquels il est permis de compter.

Arrivé à ces 4.100.000 tonneaux, le trafic du canal continuera certainement à grandir. Le développement naturel des transactions, la création de nouveaux débouchés pour les pays dont la production est aujourd'hui limitée, l'abaissement des assurances et les bénéfices qui en résulteront donneront un essor rapide au commerce maritime entravé aujourd'hui par les distances à parcourir et par les difficultés d'une navigation toujours pénible, souvent dangereuse.

On en tient compte en portant à 250.000 tonneaux en moyenne, l'accroissement annuel de la quatrième à la douzième année et en admettant ainsi qu'au bout de douze ans d'exploitation, le transit atteindrait largement le chiffre de 6 millions de tonneaux.

# TABLEAU A

## Distances de l'Europe aux principaux ports du Pacifique.

*Les distances sont exprimées en milles marins de 1.852 mètres.*

| PARCOURS | PAR SUEZ | PAR LE DÉTROIT de MAGELLAN | PAR LE CANAL de PANAMA | DIFFÉRENCE EN MILLES MARINS | DIFFÉRENCE en JOURS | ÉCONOMIE sur les DÉPENSES EN MER |
|---|---|---|---|---|---|---|
| | M. | M. | M. | M. | J. | Fr. |
| De Plymouth à Gibraltar . . . . . . . . . . . 1050 M. | » | » | » | » | » | » |
| — à Aden (par Gibraltar) . . . . . . . . . . . | 1050 + 3230 = 4280 | » | » | » | » | » |
| De Gibraltar au cap des Vierges (Magellan) . . . 6210 M. | » | » | » | » | » | » |
| — à Colon . . . . . . . . . . . . 4330 M. | » | » | » | » | » | » |
| De Plymouth au Cap des Vierges . . . . . . . 6980 M. | » | » | » | » | » | » |
| — à Colon. . . . . . . . . . . 4520 M. | » | » | » | » | » | » |
| — à Valparaiso (Chili) . . . . . . . . . . | » | 6980 + 1580 = 8560 | 4520 + 2610 = 7130 | 1430 | 4 ½ | 9.440 |
| — à Iquique (Chili) . . . . . . . . . . . | » | — + 2360 = 9430 | — + 1970 = 6490 | 2850 | 10 ½ | 20.800 |
| — à Callao (Pérou) . . . . . . . . . . . | » | — + 2770 = 9750 | — + 1320 = 5840 | 3910 | 14 ½ | 29.280 |
| — à Panama . . . . . . . . . . . | » | — + 4010 = 10990 | — + — = 4520 | 6470 | 25 | 49.760 |
| — à Acapulco (Mexique.. . . . . . . . . | » | — + 4520 = 11510 | — + 1350 = 5870 | 5640 | 21 ½ | 43.120 |
| — à Mazatlan (Mexique) . . . . . . . | » | — + 4970 = 11950 | — + 1790 = 6310 | 5640 | 21 ½ | 43.120 |
| — à San-Francisco. . . . . . . . . . | » | — + 6320 = 13300 | — + 3140 = 7660 | 5640 | 21 ½ | 43.120 |
| — à Victoria (Vancouver) . . . . . . . . . | » | — + 7070 = 14050 | — + 3840 = 8360 | 5690 | 22 | 43.520 |
| — à Honolulu (Sandwich) . . . . . . . . . | » | — + 6430 = 13410 | — + 4640 = 9160 | 4250 | 16 | 32.000 |
| — à Tahiti . . . . . . . . . . . . | 4280 + 10510 = 14790 | 6080 + 4320 = 11300 | — + 4490 = 9010 | 2290 | 8 | 16.320 |
| — à Fidji . . . . . . . . . . . | — + 8680 = 12960 | — + 6150 = 13130 | — + 6290 = 10810 | 2320 | 8 | 16.560 |
| — à la Nouvelle Calédonie (Nouméa) . . . . . | — + 7710 = 11990 | — + 6920 = 13900 | — + 7060 = 11580 | 2320 | 8 | 16.560 |
| — à Aukland (Nouvelle-Zélande) . . . . . | — + 8080 = 12360 | — + 4840 = 11820 | — + 6710 = 11230 | 590 | 1 ½ | 2.720 |
| — à Wellington (Nouvelle-Zélande). . . . . . | — + 7780 = 12060 | — + 4680 = 11660 | — + 6500 = 11020 | 640 | 1 ½ | 3.120 |
| — à Hobart-Town (Tasmanie). . . . . . . . | — + 6600 = 10880 | — + 5730 = 12710 | — + 7760 = 12280 | 430 | ½ | 1.440 |
| — à Melbourne (Australie) . . . . . . . . | — + 6310 = 10590 | — + 6000 = 12980 | — + 7980 = 12500 | 480 | 1 | 1.840 |
| — à Sidney. . . . . . . . . . . . | — + 6880 = 11160 | — + 5920 = 12900 | — + 7850 = 12370 | 530 | 1 | 2.240 |
| — à Batavia. . . . . . . . . . . | — + 3730 = 8030 | — + 9640 = 16620 | — + 10770 = 15290 | 1330 | 4 ½ | 8.640 |
| — à Singapour . . . . . . . . . . . | — + 3690 = 7970 | — + 10000 = 16980 | — + 11090 = 15610 | 1370 | 4 ½ | 8.960 |
| — à Manille (Philippines). . . . . . . . . | — + 5010 = 9290 | — + 9950 = 16930 | — + 8810 = 13330 | 3600 | 13 ½ | 26.800 |
| — Hong-Kong (Chine) . . . . . . . . . | — + 5130 = 9410 | — + 10580 = 17560 | — + 9440 = 13960 | 3600 | 13 ½ | 26.800 |
| — à Shangaï (Chine). . . . . . . . . . | — + 5940 = 10220 | — + 11300 = 18280 | — + 9100 = 13620 | 4660 | 17 ½ | 35.280 |
| — à Jokohama (Japon) . . . . . . . . . | — + 6640 = 10920 | — + 9870 = 16850 | — + 8010 = 12530 | 4320 | 16 | 32.560 |
| — au Cap de Bonne-Espérance . . . 5840 M. | » | » | » | » | » | » |
| Du Cap de Bonne-Espérance à Melbourne . . . 6030 M. | » | » | » | » | » | » |

On a pris pour type un navire à vapeur de 2.000 tonneaux faisant 250 milles par jour et dépensant 2.000 francs à la mer. On a retranché un jour pour tenir compte de la durée du passage du canal (soit 2.000 francs retranchés).

## TABLEAU B

### Distances de l'Amérique septentrionale (Côte Est) aux principaux ports du Pacifique.

| PARCOURS | PAR SUEZ | PAR LE DÉTROIT de MAGELLAN (Cap des Vierges) | PAR LE CANAL de PANAMA | DIFFÉRENCE EN MILLES MARINS | DIFFÉRENCE en JOURS | ÉCONOMIE sur les DÉPENSES EN MER |
|---|---|---|---|---|---|---|
| | M. | M. | M. | M. | J. | Fr. |
| De New-York à Gibraltar . . . . . . . . . . 3190 M. | » | » | » | » | » | « |
| — à Aden (par Gibraltar) . . . . . . . . . . | 3190 + 3230 = 6420 | » | » | » | » | » |
| — à Colon . . . . . . . . . . 1930 M. | » | » | » | » | » | » |
| — au Cap des Vierges . . . . . . . 6890 M. | » | 6890 | 1930 + 4010 = 5940 | 950 | 3 | 5.600 |
| — à Valparaiso . . . . . . . . . . . . . . . | » | 6890 + 1580 = 8470 | — + 2610 = 4540 | 3930 | 14 ½ | 29.440 |
| — à Iquique . . . . . . . . . . . . . . | » | — + 2360 = 9250 | — + 1970 = 3900 | 5350 | 20 ½ | 40.800 |
| — à Callao . . . . . . . . . . . . | » | — + 2770 = 9660 | — + 1320 = 3250 | 6410 | 24 ½ | 49.260 |
| — à Panama . . . . . . . . . | » | — + 4010 = 10900 | 1930 | 8970 | 35 | 69.760 |
| — à San-Francisco . . . . . . . . . . . . | » | — + 6320 = 13210 | — + 3140 = 5070 | 8140 | 31 ½ | 63.120 |
| — à Victoria (Vancouver) . . . . . . . . . | « | — + 7070 = 13960 | — + 3840 = 5770 | 8190 | 31 ½ | 63.520 |
| — à Honolulu (Sandwich) . . . . . . . . . | » | — + 6430 = 13320 | — + 4640 = 6570 | 6750 | 26 | 52.000 |
| — à Tahiti . . . . . . . . . . . . . | 6420 + 10510 = 16930 | — + 4320 = 11210 | — + 4490 = 6420 | 4790 | 18 | 36.320 |
| — à Fidji . . . . . . . . . . | — + 8680 = 15100 | — + 6150 = 13040 | — + 6290 = 8220 | 4820 | 18 ½ | 36.560 |
| — à Aukland . . . . . . . . . . . . . | — + 8080 = 14500 | — + 4840 = 11730 | — + 6710 = 8640 | 3090 | 11 ½ | 22.720 |
| — à Melbourne (par le Cap de Bonne-Espérance) 12830 M. | — + 6310 = 12730 | — + 6000 = 12890 | — + 7980 = 9910 | 2980 | 11 | 21.840 |
| — à Sidney . . . . . . . . . . . . . | — + 6880 = 13300 | — + 5920 = 12810 | — + 7850 = 9780 | 3030 | 11 | 22.240 |
| — à Batavia . . . . . . . . . . . . | — + 3730 = 10150 | — + 9640 = 16530 | — + 10770 = 12760 | 3830 | 14 ½ | 28.960 |
| — à Singapour . . . . . . . . . . . . | — + 3690 = 10110 | — + 10000 = 16890 | — + 11090 = 13020 | 3870 | 14 ½ | 28.640 |
| — à Manille . . . . . . . . . . . . . | — + 5010 = 11430 | — + 9950 = 16840 | — + 8810 = 10740 | 6100 | 23 ½ | 46.800 |
| — à Hong-Kong . . . . . . . . . . . . . | — + 5130 = 11550 | — + 10580 = 17470 | — + 9440 = 11370 | 6100 | 23 ½ | 46.800 |
| — à Yokohama . . . . . . . . . . . . . . | — + 6640 = 13060 | — + 9870 = 16760 | — + 8010 = 9940 | 6820 | 26 | 52.360 |
| — au Cap de Bonne-Espérance . . . 6800 M. | » | » | » | » | » | » |
| Du Cap de Bonne-Espérance à Melbourne . . . 6030 M. | » | » | » | » | » | » |

N. B. — Nous prenons pour type un navire à vapeur de 2.000 tonneaux de jauge, faisant en moyenne 250 milles par jour et dépensant 2.000 francs à la mer. Nous avons retranché un jour, soit 2.000 francs, pour tenir compte de la traversée du Canal.

## TABLEAU C

**Commerce des pays d'Europe avec la côte Pacifique du continent américain en 1888.**

| PAYS AMÉRICAINS | ANGLETERRE | FRANCE | ALLEMAGNE | AUTRES PAYS | TOTAUX |
|---|---|---|---|---|---|
| | Fr. | Fr. | Fr. | Fr. | Fr. |
| Colombie britannique . . . . . . . . . . | 9.364.785 | 43.070 | 27.500 | 30.265 | 9.465.620 |
| États-Unis (côté Pacifique) . . . . . . . . | 136.576.025 | 10.513.755 | 5.386.190 | 5.269.805 | 157.745.775 |
| Mexique (1/5 de la totalité du commerce sans tenir compte des métaux précieux) . . . . | 9.716.294 | 2.163.750 | 1.107.500 | 801.250 | 13.788.794 |
| Guatemala. . . . . . . . . . . . . . . | 25.000.000 | 6.500.000 | 12.000.000 | 200.000 | 43.700.000 |
| Salvador. . . . . . . . . . . . . . . | 15.000.000 | 6.700.000 | 7.000.000 | 110.000 | 28.810.000 |
| Nicaragua . . . . . . . . . . . . . . | 4.500.000 | 2.900.000 | 5.000.000 | 70.000 | 12.470.000 |
| Costa-Rica . . . . . . . . . . . . . . | 13.600.000 | 6.000.000 | 11.000.000 | 120.000 | 30.720.000 |
| Colombie (1/5ᵉ de la totalité du commerce) . | 25.344.914 | 3.100.418 | 2.653.201 | » | 31.098.533 |
| Équateur . . . . . . . . . . . . . . . | 14.942.375 | 4.500.000 | 4.500.000 | » | 23.942.375 |
| Pérou et Bolivie . . . . . . . . . . . . | 95.250.000 | 29.000.000 | 30.000.000 | 13.000.000 | 167.250.000 |
| Chili (1/3 de la totalité du commerce) . . . | 50.000.000 | 13.300.000 | 21.000.000 | 8.300.000 | 92.600.000 |
| Totaux . . . . . . . . . . . . | 399.294.393 | 84.720.993 | 99.674.391 | 27.901.320 | 611.591.097 |

II

# TRAVAUX DU PORT DE LA BOCA

# TRAVAUX DU PORT DE LA BOCA

Le rapport de la Commission d'Études de 1890, adressé au liquidateur de l'ancienne Compagnie du Canal du Panama s'exprime comme suit (page 15, 4ᵉ partie) :

« La rade de Panama offre un abri sûr en tous temps. La tenue
» sur fond de vase mélangée de sable, de coquilles brisées et de ma-
» drépores y est excellente. La houle n'y fatigue jamais.
» Les marées sont très régulières. L'amplitude maxima observée a
» été de 6ᵐ,88 aux équinoxes. Elle ne dépasse pas 5ᵐ,70 aux syzygies
» ordinaires et descend quelquefois à 1ᵐ,20 en quadratures. Le maré-
» graphe installé à l'île Naos a son zéro à 0ᵐ,60 au-dessus des plus
» basses mers observées. Le niveau moyen correspond à la cote 2ᵐ,83
» de l'échelle. Il paraît être de 0ᵐ,20 plus élevé à Panama qu'à Colon.
» Comme ouvrage de nécessité à exécuter avant l'ouverture du
» Canal, il convient de prévoir à Panama (la Boca) un bassin de garage
» et de chargement où les navires à vapeur pourront prendre leur char-
» bon et stationner au besoin pendant quelques heures pour réparer
» de légères avaries. Plus tard, c'est-à-dire lorsque l'activité du trafic
» l'exigera, on pourra construire des quais, des cales, des bassins de
» radoub; en un mot, transformer ce bassin en un véritable port sur
» le Pacifique, avec tout l'outillage que réclame un commerce maritime
» important. »

Ce programme est en voie d'exécution. La création du port de Panama (la Boca), à l'embouchure du Canal, fait l'objet de l'entreprise Daydé et Pillé, actuellement en pleine activité.

### Utilité du port de la Boca.

Les navires qui ont Panama comme port d'attache ou d'escale sont obligés de jeter l'ancre au large, à l'abri des îles de Naos. C'est là que s'opère le déchargement. Les colis et marchandises passent des navires dans des chalands qui sont remorqués de Naos au wharf du chemin de fer. Là, deuxième transbordement : des chalands, les marchandises passent dans les wagons qui leur feront traverser l'Isthme.

Les voyageurs sont transportés à terre par de petits vapeurs spéciaux appartenant à la Compagnie du chemin de fer de Panama.

La même opération se répète en sens inverse pour les marchandises amenées de divers points sur le wharf du Panama Railroad et qu'il s'agit d'embarquer sur les vapeurs à l'ancre près de Naos.

Est-il nécessaire de détailler les graves inconvénients résultant de cet état de choses, déplorable déjà s'il ne s'agissait que d'un trafic restreint, et à plus forte raison lorsqu'il s'applique à un trafic intense comme celui qui se fait à travers l'Isthme? Difficulté de l'accostage et de la manœuvre des chalands par les mauvais temps, difficulté de transbordement pour les voyageurs, risques d'avaries pour les marchandises, frais de manutention occasionnés par un double transbordement, retards considérables dans les expéditions, ennuis pour les voyageurs qui, à leur arrivée, ont à subir aussi, avec l'inquiétude des bagages et le malaise d'une situation transitaire, le désagrément de ces transbordements obligatoires avant d'être définitivement rendus à destination. Tous ces inconvénients ressortent trop clairement du système actuel pour qu'il soit nécessaire d'insister.

Il en est d'autres que l'on peut généralement ignorer.

La Compagnie du chemin de fer, par exemple, ne donne décharge des marchandises transportées par les chalands que lorsqu'elles sont rendues à son wharf. Les Compagnies de navigation n'ont aucune garantie des marchandises pendant leur transport et paient, pour ce service, $ 1,25 *or* par tonne. En outre, on peut dire, sans trop risquer d'être démenti, que, parfois, des marchandises disparaissent.

Est-ce avant le chargement sur chalands? est-ce pendant la traversée de Naos au wharf ou bien plus tard? nous ne pouvons l'affirmer, mais les Compagnies de navigation et la Compagnie du Panama Railroad en savent plus long que nous sur ce sujet.

*Le Port de la Boca*, avec son appontement comprenant toutes les installations pour le chargement et le déchargement des navires, et les voies qui le relieront au chemin de fer, supprimera d'un coup tous les inconvénients ci-dessus.

Les navires viendront à la Boca, à quai; le transbordement se fera directement, les marchandises passant des flancs des navires dans les wagons du chemin de fer transisthménien et réciproquement.

Les Compagnies de navigation y gagneront des facilités plus grandes pour l'approvisionnement, le chargement et le déchargement de leurs navires et auront, dès lors, réception immédiate des marchandises par la Compagnie du chemin de fer, sans avoir à passer par le service auxiliaire des chalands dont la responsabilité est nulle; les tarifs seront dégrevés de cette lourde charge de $ 1,25 *or* par tonne qu'impose le système actuellement en vigueur.

L'économie réalisée par la Compagnie du chemin de fer, par suite de la suppression d'un service de remorquage coûteux à tous points de vue, lui permettra d'abaisser encore ses tarifs généraux; l'abaissement des tarifs fera affluer vers l'Isthme un trafic qui cherche maintenant des débouchés plus longs mais moins onéreux. La Compagnie du Panama Railroad verra s'accroître rapidement son trafic, partant ses recettes, et cette augmentation du mouvement dans le port de Panama-La Boca, cette habitude que l'on fera prendre au commerce de considérer la voie de Panama comme la meilleure, sera une première impulsion donnée au grand trafic futur à travers le Canal de Panama à Colon.

Pour arriver à ce résultat, il faut deux choses : donner au chenal creusé par l'ancienne Compagnie la profondeur nécessaire et la largeur qu'exige la création du port. C'est une affaire de dragages; le matériel est sur place, les dragues sont à l'œuvre.

En second lieu, construire dans le port un appontement permettant aux navires de venir à quai opérer le déchargement des marchandises et le débarquement des passagers.

7

### Entreprise Daydé et Pillé.

La Compagnie du Canal s'est chargée de faire construire pour le compte du Panama Railroad, l'appontement de la Boca et a fait exécuter les dragages destinés à mettre à nu la roche sur laquelle doivent reposer les fondations de cet ouvrage.

La construction de l'appontement a été traitée à forfait par MM. Daydé et Pillé, les habiles ingénieurs-constructeurs dont les importants travaux exécutés sur divers points du globe sont, pour la Compagnie, une garantie de la bonne et rapide exécution de l'ouvrage entrepris.

Rappelons en passant quelques-unes des œuvres principales menées à bonne fin par la maison Daydé et Pillé :

Les gares d'Epinal, de Castres et de Bordeaux ; le pont de la rue de Tolbiac, sur la ligne d'Orléans, près de Paris ; le pont Mirabeau, sur la Seine, à Paris ; le pont métallique sur le Nil, au Caire ; le pont de Saint-André-de-Culzac et un ouvrage ayant beaucoup de rapport avec celui qu'ils exécutent à la Boca : les appontements de Pauillac (Bordeaux) avec toutes les installations annexes, telles que l'outillage hydraulique, grues, cabestans, bâtiments pour les machines et pour le personnel, bureaux, halles aux marchandises, remises de locomotives, ponts-bascules, station électrique, etc., etc.

Voici maintenant quelques détails sur la façon dont est construit l'appontement de la Boca :

La distance de l'axe de l'appontement à l'axe du canal est de 50 mètres environ.

L'appontement métallique aura une longueur de 300 mètres (du kilomètre 68.775 au kilomètre 69.075) et 16$^m$,50 de largeur.

Il sera relié à la digue qui s'avance approximativement jusqu'au kilomètre 68.700, par une passerelle de 100 mètres de rayon. Cette passerelle aura 90 mètres de longueur et 9 mètres de largeur.

Aux mers les plus basses, il y aura encore 9 mètres d'eau à l'appontement sur lequel se trouveront 8 grues à vapeur et deux voies de chemin de fer.

L'appontement sera recouvert, sur toute sa longueur d'un hangar métallique et reposera sur onze palées (chaque palée étant formée d'un groupe symétrique de deux piles) fondées au moyen de l'air comprimé et constituées chacune par deux corps cylindriques de 5 mètres de diamètre.

Les deux piles de chaque palée seront transversalement distantes de 9 mètres comptés d'axe en axe. Les palées auront entre elles une distance longitudinale de 30 mètres.

C'est sur ce système de 22 piles (11 palées) que reposera la super-structure métallique de l'appontement.

La passerelle sera supportée :

1° Par deux travées fondées à l'air comprimé et constituées par deux piles cylindriques de $3^m$, 50 de diamètre, distantes transversalement de 6 mètres et longitudinalement de 30 mètres d'axe en axe;

2° Par une culée, fondée à l'air comprimé, constituée par un caisson rectangulaire de 9 mètres sur $3^m$, 50.

3° Par la première palée de l'appontement.

Ces renseignements donnés, je puis parler de ce que j'ai vu sur place à la Boca.

J'ai d'abord visité l'usine à béton. Cette installation se compose d'un vaste hangar complètement couvert.

Au premier étage existe une plate-forme sur laquelle se trouvent l'entrepôt de ciment et une machine à vapeur qui refoule l'eau à proximité des deux malaxeurs.

Sur le côté, des pans inclinés permettent d'amener sur la plate-forme du premier étage le sable et les cailloux qui vont entrer dans la composition du ciment.

Le ciment et le sable sont jetés, dans les proportions requises, dans des réservoirs en forme de tronc de pyramide où s'opère le mélange qui est enlevé ensuite par une chaîne à godets et déchargé dans les malaxeurs où se fait intimement le mélange de ciment, de sable et d'eau.

C'est à la sortie des malaxeurs que la pierre cassée est jointe au mélange de sable et de ciment pour la confection définitive du béton.

Le mélange est ensuite jeté dans les bétonnières sous les portes desquelles viennent se placer des bennes roulant sur des trucs Decauville pour aller au quai d'embarquement. Là, une grue charge les bennes pleines de béton sur un chaland qui est remorqué à proximité d'un échafaudage flottant où de nouvelles grues à vapeur les prennent et déversent le béton dans les cylindres des piles de l'appontement.

L'échafaudage flottant se trouve sensiblement au kilomètre 68.800, un peu en deçà de l'endroit où sont fondées les premières piles de l'appontement. Au fur et à mesure de l'achèvement des piles, il reculera de 30 en 30 mètres et servira à leur fondation, l'une après l'autre. Il se compose de deux chalands placés côte à côte et reliés par un plancher.

A l'avant, à droite et à gauche, sont établies deux grues à vapeur qui servent à mettre les caissons en place, enlèvent les bennes pleines de béton, les déblais extraits des cloches, en un mot, font toutes les manœuvres de force que nécessitent l'échouage des caissons et leur remplissage au moyen du béton. En avant des grues, entre les deux piles en construction, se trouve un autre chaland, amarré à l'échafaudage flottant et qui sert d'atelier pour la fabrication du béton à la main. Cette installation secondaire a été faite pour que le travail ne subisse aucun arrêt pendant les marées basses, quand les chalands ne peuvent pas aborder pour prendre le béton fabriqué mécaniquement à l'usine dont nous avons parlé.

A l'arrière de l'échafaudage flottant sont deux machines qui envoient dans les cloches l'air comprimé nécessaire pour empêcher l'eau d'y pénétrer et pour fournir l'air respirable aux ouvriers qui y travaillent. Ces deux machines marchent simultanément, chacune envoyant l'air comprimé dans l'une des cloches, de droite ou de gauche.

Mais un accident pourrait se produire qui, brusquement, arrête le travail de l'un des compresseurs. Les ouvriers ne seraient pas en danger par ce fait : les deux machines communiquent; en cas d'arrêt de l'une, il n'y a qu'un robinet à tourner pour que l'autre machine envoie de l'air dans les deux cloches à la fois.

Le travail à l'air comprimé étant terminé, on donne à la pile la hauteur exacte qu'elle doit avoir pour être de niveau avec le système de palées sur lequel doit venir reposer la superstructure métallique de l'appontement et l'échafaudage flottant est conduit 30 mètres plus loin où l'on recommence l'immersion et la fondation de deux nouvelles piles. La superstructure métallique et les diverses installations que recevra l'appontement sont préparées en France. Il n'y aura plus, à l'arrivée des pièces à la Boca, qu'une question de montage qui n'offre aucune difficulté. — Le directeur des travaux m'assure que, si aucun cas de force majeure ne vient retarder sa construction, l'appontement sera terminé pour le 1er mars 1898. J'ai visité les travaux de la Boca à trois reprises, en compagnie de M. Marolle et du directeur de la maison Daydé et Pillé. — J'ai constaté que le terre-plein sur lequel passe la voie du chemin de fer est terminé. Au 31 décembre, le *huitième* caisson était achevé. Le chenal est complètement dragué sur 260 mètres de longueur à 18 mètres de profondeur.

L'entreprise du port emploie 3 grandes dragues, 5 bateaux-clapets à vapeur, 14 clapets à main et 50 bateaux.

Il y a 2 bateaux-citernes qui vont chercher chaque jour, à l'île de Taboga, distante de 55 kilomètres, les 80 tonnes d'eau qui sont nécessaires pour les machines.

La Compagnie du Canal occupe sur place 600 ouvriers et l'entreprise Daydé et Pillé en emploie 150.

Il y a, en outre, à la Boca, une population de marchands, cantiniers, etc., et même une garnison.

L'importance actuelle de la Boca est plus grande que ne peut le faire supposer le plan que nous possédons.

Il y a là un noyau de population ouvrière qui sera remplacé par les ouvriers du port et par le commerce dès que le port sera ouvert à la navigation.

Déjà les consuls à Panama — et ils sont nombreux — annoncent leur intention d'installer des bureaux à la Boca, afin d'être en rapports immédiats avec les voyageurs de passage dans l'Isthme. — Entre la côte et l'appontement actuellement en construction, il y a un énorme emplacement qu'on se propose de combler en y jetant la montagne qui borde la côte. Sur ce vaste terre-plein on bâtira des magasins, ateliers, etc. La Boca, peu après l'ouverture du port, deviendra une ville importante qui sera reliée à Panama par une suite non interrompue de constructions élevées aux abords de la route.

Après l'achèvement du Canal, il ne faudra pas vingt ans pour tripler l'importance de Panama-la Boca.

# III

# DISTRIBUTION D'EAU

---

## ÉTUDES

FAITES PAR LES INGÉNIEURS DU GOUVERNEMENT COLOMBIEN

# DISTRIBUTION D'EAU.

## ÉTUDES

**faites par les Ingénieurs du Gouvernement Colombien.**

En attendant l'arrivée de M. Sosa à Panama, j'ai consacré les journées des 23, 24 et 25 novembre à visiter le Rio « Juan Diaz » et la trocha établie par les ingénieurs du Gouvernement au travers de la forêt vierge et de la savanne, sur tout le parcours de la conduite d'amenée.

M. Hirché a eu tort de nous dire que les études et travaux exécutés par le Gouvernement n'ont guère de signification. La vérité est que ces études ont été sérieusement faites, qu'elles nous seront de la plus grande utilité, et que sans elles nous eussions dû demander une année en plus pour l'exécution des travaux.

En nous laissant ignorer cela, M. Hirché voulait sans doute s'attribuer tout le mérite d'une exécution rapide des travaux.

Cette façon inexacte de nous présenter les choses a eu en outre pour résultat de nous faire considérer la somme réclamée par le Gouvernement comme une sorte de commission, tandis qu'elle constitue en réalité le remboursement de dépenses utilement faites. Le prix réclamé par le Gouvernement pour l'achat des études, travaux préparatoires, installations diverses, ponts de services, campements, plans, etc. n'est pas exagéré.

En quittant Panama, on traverse d'abord la *Savanne* sur une étendue de 7 kilomètres. C'est là que se trouvent les habitations d'été des familles aisées de Panama. En cette saison, la contrée ne fournit

8

pas une goutte d'eau. L'établissement d'une fontaine-compteur en cet endroit nous assurerait des recettes importantes.

Sur tout le parcours au travers de la forêt vierge, le chemin de la conduite d'amenée est frayé. La trocha mesure partout au moins 6 mètres de largeur. Aux endroits où les pentes sont trop rapides pour y faire passer tout le matériel, les ingénieurs du Gouvernement ont tracé des dérivations contournant les reliefs trop accentués et permettant un transport relativement facile des matériaux. Sur les cassures, ils ont jeté des ponts de service, solidement établis.

Les principaux ponts de service sont actuellement au nombre de huit, parmi lesquels :

1° *A San Jon*, un pont de 52 mètres de longueur et 4 mètres de largeur qui couvre une vallée de 12 mètres de profondeur;

2° *A Palomo*, un pont de 25 mètres de longueur sur 2$^m$,50 de largeur;

3° Près de *Charco el Macho*, un pont de 30 mètres de longueur sur 4 mètres de largeur, au-dessus du ravin de Aguas Claras.

Au moment où j'ai quitté Panama, on commençait la construction d'un grand pont sur le *Las Lagas*.

De Panama au Rio « Juan Diaz », le tracé de la conduite d'amenée a été rigoureusement établi, et c'est d'après le plan de M. Sosa, et non celui de M. Hirché, que la conduite sera installée.

Le personnel chargé par le Gouvernement des études préliminaires à l'établissement d'une distribution d'eau se compose de :

MM. PEDRO SOSA, ingénieur en chef.

RICARDO ARANGO, ingénieur.

AROSEMENA, ingénieur.

RAMIREZ, commis-comptable.

Les ouvriers sont au nombre de 51, se décomposant en :

40 défricheurs,

2 charpentiers,

3 aides-charpentiers,

4 scieurs de long,

2 cuisiniers.
_______

51 hommes commandés par 4 capataz ou chefs de brigades.

II y a, sur le parcours de la conduite, sept campements, placés aux endroits ci-après :

1. Palomo. . . à 9 kilomètres de l'emplacement du barrage.
2. Cerro-Viento . 6    —    —    —
3. Miraflorès . . 5    —    —    —
4. Campo-Allegro 3    —    —    —
5. Macho . . . . 1,300    —    —
6. Charco-Hondo. 200 mètres    —    —
7. Pressa. — A l'emplacement du barrage.

Le principal campement est celui de Miraflorès. C'est là que se trouve le bureau des travaux. Ce campement comprend :

*a)* La chambre à coucher des ingénieurs, vaste pièce bien aménagée où j'ai passé deux nuits d'une façon très confortable.

*b)* Salle à manger, bureau des ingénieurs.
*c)* Cuisine.
*d)* Écuries, où il y a 5 chevaux et 3 mulets.
*e)* Magasin.
*f)* Habitation du magasinier.
*g)* Habitation des domestiques.
*h)* Logements des ouvriers.

Près du Rio, on a défriché environ 5 hectares de forêt où l'on a semé du maïs pour les animaux.

Les ingénieurs du Gouvernement sont installés à demeure au campement de Miraflorès. — Chaque jour, ils font des observations sur le débit du Rio « Juan Diaz », et prennent des échantillons qu'ils font analyser de temps en temps.

Toutes ces observations nous seront communiquées pour nous permettre d'étudier la question du filtrage.

J'ai vu le Rio « Juan Diaz » par un temps de pluie diluvienne. — Dans la nuit, le niveau de l'eau avait monté de 3 mètres. — Alors qu'une rivière voisine, *Las Lagas* donnait une eau limoneuse, inutilisable, l'eau du Rio « Juan Diaz » était *absolument limpide.* Cette eau est excellente en tout temps. Cela tient à la nature spéciale des terrains traversés uniquement composés de roches.

Il résulte de cette visite sur les lieux l'impression que le Gouvernement, au cas où nous ne nous chargerions pas de l'exécution des travaux, est absolument décidé à marcher de l'avant et à faire lui-même la distribution d'eau. Il a en mains tout ce qu'il faut pour cela : plans, devis et moyens financiers. Il est vrai que les devis ont été établis dans un ordre d'idées différent du nôtre. La préoccupation dominante paraît avoir été l'économie dans le coût des travaux. Ce devis suppose, en effet, l'emploi de conduites en fer, de réservoirs en bois, etc., c'est-à-dire un système à l'américaine, rapidement installé et à peu de frais, mais d'une durée assez éphémère.

L'éminent ingénieur du Gouvernement a une compétence beaucoup trop grande pour ne pas apprécier les avantages du système que nous préconisons, et je me suis mis complètement d'accord avec lui au sujet du projet que nous présentons.

J'ai pris connaissance du rapport que les ingénieurs du Gouvernement ont rédigé au cours de leurs études, et j'ai fait traduire ce qui m'a paru de nature à intéresser notre groupe.

---

# RAPPORT DES INGÉNIEURS DU GOUVERNEMENT

---

*A Monsieur le Secrétaire du Gouvernement.*

En exécution de la mission que le Gouvernement a bien voulu nous confier, relative aux études nécessaires pour l'établissement d'un projet de distribution d'eau potable pour la ville de Panama, au moyen des eaux du Rio « Juan Diaz », nous avons l'honneur de vous présenter le rapport suivant :

## Commencement, organisation et marche
## des travaux d'études.

Ces études ont été faites par les ingénieurs qui composent la Commission. Ils ont été aidés par un ingénieur assistant dont les services étaient indispensables pour qu'on pût terminer les études dans la montagne avant le commencement de la saison des pluies.

Comme l'ancien tracé de la conduite avait complètement disparu et comme on ne trouvait aucun vestige des nivellements antérieurs entre la ville et le haut « Juan Diaz », nous avons jugé préférable de mener en même temps les opérations de planimétrie et de nivellement, au lieu de déterminer d'abord le lieu de la prise d'eau au moyen d'un nivellement préliminaire et de commencer ensuite le tracé jusqu'à la ville.

Cela étant convenu, le travail a été disposé comme suit :

L'un des ingénieurs a été chargé de la planimétrie et les deux autres du nivellement.

Le premier traçait la polygonale qui devait enlacer la ville et la partie haute de la rivière, d'après le tracé probable de la conduite : pour cela, on a utilisé l'ancienne trocha tant qu'il a été possible de la suivre avec les indications de ceux qui connaissaient le terrain. Cette polygonale a servi ensuite de base pour étendre la zone d'études, au moyen de profils transversaux et pour rectifier le tracé primitif.

Les deux ingénieurs chargés du nivellement suivaient la planimétrie et nivelaient sur des piquets qu'ils trouvaient déjà posés et marqués; manœuvre qui, dans ces sortes d'opérations, donne en même temps une notable exactitude et une économie de temps. La partie nivelée par l'un d'eux était en outre nivelée de nouveau, le même jour et en sens inverse par l'autre, l'opération se terminant sur deux repères marqués sur deux troncs d'arbres préparés à cet effet.

Ce système de nivellement double et indépendant a été conduit jusqu'au point de la rivière qui a été choisi comme devant être celui de la prise d'eau, de façon que la hauteur de cette prise d'eau et des autres points du tracé pût, pour tous les usages de la pratique, être considérée comme étant établie avec une rigoureuse exactitude. Outre les travaux topographiques, plusieurs reconnaissances sur le terrain ont été faites et leur résultat est venu justifier la marche adoptée ; au cours de ces reconnaissances les cimes de plusieurs montagnes qui dominent les vallées adjacentes ont été déboisées. Il aurait été intéressant de relier ces collines avec la polygonale au moyen d'une triangulation ; mais on a reculé devant les dépenses que cela aurait occasionnées, sans résultats pratiques les justifiant.

Les études sur le terrain, commencées le 1er février, ont été terminées le 15 octobre.

Quant aux sommes dépensées pour le paiement du personnel de la Commission, pour les vivres, etc., nous n'avons rien à ajouter à ce qui a été porté à la connaissance du Gouvernement, au moyen des états de paye bimensuels qui lui ont été présentés. Cependant, dans l'état n° 3 qui se trouve ci-joint vous trouverez ces sommes séparées selon la classe de dépenses à laquelle elles appartiennent.

### Jaugeage des eaux du Juan Diaz.

On a fait le jaugeage à la fin d'avril (fin de la saison sèche) à l'endroit appelé la Noria, en faisant passer l'eau dans un canal rectiligne et de section uniforme.

Le résultat minimum obtenu a été de 15.000 mètres cubes en vingt-quatre heures, soit 173 litres par seconde.

Cette quantité représente l'étiage et, bien que sujette à de légères variations suivant la durée de la saison sèche, elle offre une marge suffisante pour fournir en excès la quantité d'eau que l'on désire amener en ville.

Le projet suivant, que nous recommandons au Gouvernement, se base sur le résultat des études que nous venons d'indiquer.

### Origine et qualité de l'eau.

La rivière « Juan Diaz » présente dans sa partie haute toutes les conditions nécessaires pour servir de source d'approvisionnement d'eau potable.

Dans cette région, la rivière se trouve convertie en torrent rapide encaissé dans de hautes murailles à pic où la roche affleure des deux côtés des rives et dans le lit du rio.

Les eaux, même dans la saison des pluies, se conservent limpides et claires et courent entre les roches avec une vitesse suffisante pour bien s'aérer en route et empêcher l'accumulation de dépôts végétaux ou d'organismes qui les rendraient impures.

Nous ferons observer, en outre, que parmi les renseignements pratiques qui permettent de reconnaître si une eau est de bonne qualité, il en est peu ayant autant de valeur que le résultat obtenu par son usage prolongé, et, à ce propos, l'eau du « Juan Diaz » mérite d'être spécialement recommandée, car elle a toujours joui d'une grande réputation, à cause de sa fraîcheur et de sa pureté parmi les habitants des régions voisines.

Quant à sa composition chimique, et bien qu'il n'existe pas un modèle bien défini qui puisse servir à comparer la bonté relative des eaux potables, on peut dire que celles du « Juan Diaz » sont de bonne qualité, comme le prouve le résultat de l'analyse de cette eau qui est le suivant :

**Composition du résidu de 2 litres d'eau en grammes.**

| | |
|---|---|
| Chlore | 0,0115 |
| Silice | 0,0573 |
| Alumine et oxyde de fer | 0,0055 |
| Oxyde de calcium | 0,0217 |
| — de magnésium | 0,0210 |
| — de sodium | 0,0082 |
| — de potassium | 0,0055 |
| Acide sulfurique anhydre | 0,0073 |
| Substances volatiles | 0,0282 |
| Acide carbonique | 0,0290 |
| | 0,1952 |
| Oxygène en excès sur le chlore | 0,0045 |
| TOTAL | 0,1997 |

Ce qui donne la composition suivante pour 2 litres d'eau :

| | | |
|---|---|---|
| Chlorure de sodium . . . . . . . | 0,0155 | grammes. |
| — de potassium . . . . . | 0,0086 | — |
| — de magnésium . . . . . | 0,0027 | — |
| Sulfate de chaux . . . . . . . | 0,0124 | — |
| Carbonate de chaux . . . . . . | 0,0296 | — |
| Carbonate de magnésie. . . . . | 0,0297 | — |
| Silice. . . . . . . . . . . . . | 0,0573 | — |
| Alumine et oxyde de fer. . . . | 0,0055 | — |
| Substances volatiles . . . . . . | 0,0282 | — |
| TOTAL. . . . . . . | 0,1895 | grammes. |

## Analyse sanitaire.

| | |
|---|---|
| Ammoniaque libre. . | 0,02 parties pour un million. |
| Albuminoïde. . . . . | 0,05 — — |
| Nitrogène en nitrates. | A peine quelques traces. |
| — en nitrites. | Aucune trace. |

L'eau est donc, comme on le voit, d'une pureté exceptionnelle, autant en ce qui concerne les produits de décomposition organique qu'au sujet de la proportion des substances minérales qu'elle renferme.

Cette analyse a, en outre, un intérêt pratique au point de vue industriel, car on observe qu'elle ne produit pas d'incrustations. Elle peut donc s'employer dans des tubes de fonte, dans les chaudières, etc., sans donner lieu aux inconvénients de l'incrustation.

## ·Dosage de l'eau.

. Nous avons pris pour base de notre projet, 150 litres d'eau par jour et par tête pour une population future de 30.000 habitants, soit une quantité de 4.500 mètres cubes par jour.

Nous reconnaissons qu'il serait désirable de pouvoir l'augmenter, mais cette augmentation n'est pas indispensable pour que la ville soit bien desservie, et elle ne serait pas non plus opportune à cause de l'excès de dépense auquel elle donnerait lieu.

### Emplacement de la prise d'eau.

Le choix de l'emplacement de la prise d'eau est subordonné à la double condition d'avoir une hauteur suffisante et de présenter en même temps des facilités naturelles pour la construction des ouvrages d'art nécessaires.

L'endroit appelé « Charco de Macho » offre ces facilités, mais il ne se trouve pas à une hauteur suffisante.

Il résulte, en effet, de notre nivellement que les basses eaux de la rivière se trouvent en ce point à $64^m,34$ seulement au-dessus du niveau moyen de la mer, au lieu de $68^m,54$, hauteur que l'on croyait exister. Il y avait donc une erreur de $4^m,20$ dans le nivellement qui a servi de base au projet primitif.

Dans ces conditions, il ne serait pas possible d'établir la prise d'eau au moyen d'un simple mur de petites dimensions, parce qu'il serait nécessaire de faire de grands déboisements et des tranchées profondes pour maintenir la ligne de charge, sur tout le trajet à un niveau supérieur à celui de la conduite. Ces coupures profondes, outre qu'elles seraient coûteuses, rendraient les réparations difficiles et cette circonstance doit s'éviter autant que possible.

A 1.300 mètres du « Charco del Macho » se trouve le « Charco Hondo » dans le voisinage duquel il y a plusieurs emplacements à une hauteur suffisante, et où il suffirait, pour établir la prise d'eau, d'un barrage de petites dimensions et de construction facile.

Les désavantages que présente ce dernier emplacement sont que la longueur de la conduite d'amenée se trouvera augmentée de 1.300 mètres et que les 800 premiers mètres présenteront beaucoup de difficultés pour la mise en place des tuyaux. Cependant le calcul comparatif des travaux nécessaires en l'un et l'autre endroit démontre qu'il y a économie à adopter le « Charco Hondo » pour établir la prise d'eau, et cela, même en supposant qu'on élève les eaux dans le

« Charco del Macho » à la cote 72 seulement, ce qui donnerait une hauteur totale disponible qui serait inférieure de 10 mètres à celle que l'on obtiendrait dans le « Charco Hondo ». C'est pour ce motif que nous avons adopté ce dernier endroit comme point de départ de la conduite.

### Description du projet.

Le projet comporte les ouvrages suivants :

1° La prise d'eau dans la rivière « Juan Diaz » ;

2° Une chambre régulatrice, établie à certaine distance de la prise d'eau et en dehors de la zone d'inondation, que nous appellerons « chambre de sortie » ;

3° Un dépôt de réception et de distribution situé sur les flancs du « Cerro Ancon » et à une hauteur suffisante pour que l'on puisse disposer de la pression nécessaire en cas d'incendie ;

4° Une conduite qui mette en communication la prise d'eau et la chambre de sortie ;

5° Une conduite principale ou maîtresse qui parte de cette chambre et conduise les eaux au dépôt de réception et de distribution sur l'Ancon ;

6° Le réseau de conduites de distribution en ville.

### Prise d'eau.

La prise d'eau se compose :

*a)* D'un crible, construit avec de fortes poutres et solidement ancré dans le lit de la rivière.

Ce crible est destiné à protéger le barrage placé plus bas.

*b)* D'un barrage en maçonnerie au travers du rio, de 2$^m$,50 de hauteur et situé à 200 mètres, plus ou moins, au-dessus du « Charco Hondo ».

*c)* D'une double série de grillages en fer galvanisé, placés en face du tuyau de prise d'eau et destinés à empêcher qu'il n'y entre des corps étrangers ;

*d)* D'une conduite, munie d'une vanne, qui puisse laisser sortir, en cas de nécessité, les eaux retenues par le barrage.

Le barrage a simplement pour but de relever le plan d'eau et de former un dépôt d'eau suffisant pour qu'il entre avec facilité dans la conduite la quantité d'eau nécessaire, même dans les mois de grande sécheresse.

Comme le fond de la rivière, aussi bien que ses berges où s'appuiera le barrage, sont rocheux, il n'y a pas à prendre de précautions spéciales pour assurer la stabilité de l'ouvrage.

Comme préparation du terrain, il suffira d'extraire la roche qui se trouvera cassée ou en état de décomposition et de niveler d'une façon suffisante les surfaces de base.

La section transversale du mur qui figure sur le plan est plus grande que celle que demande la pression statique de l'eau, parce qu'il convient de tenir compte de la poussée des courants pendant les crues auxquelles la rivière est sujette.

On emploiera la maçonnerie hydraulique pour la construction du barrage et la pierre se tirera des collines adjacentes, où il en existe de bonne qualité.

La cote des basses eaux, à l'endroit du barrage, est de 80$^m$,30 et, en ajoutant à cette hauteur les 2$^m$,50 de hauteur du barrage, on obtient 82$^m$,80 pour la cote de la surface de l'eau derrière le barrage.

La rivière ne contient pas de sable à l'endroit où la prise d'eau sera établie, mais des pierres et des cailloux roulés pourraient s'accumuler derrière le barrage et finiraient par obstruer la prise d'eau. Le crible a pour objet d'éviter cet inconvénient et on lui donnera la surface nécessaire pour que, même entouré de cailloux roulés, il laisse toujours passer à travers ceux-ci la quantité d'eau voulue.

Sa construction est des plus simples et ne mérite pas de mention spéciale. Il faudra seulement soigner l'ancrage, de façon que le crible ne puisse pas être disloqué par les crues de la rivière. Comme les bois qui le composeront seront toujours sous l'eau, il n'est pas nécessaire de prévoir leur remplacement.

### Chambre de sortie.

L'objet principal de cette chambre est de faire que la pression dans la conduite maîtresse soit indépendante des oscillations du niveau des eaux de la rivière.

Elle servira aussi de dépôt de clarification préparatoire à l'entrée de l'eau dans la conduite qui la mènera au réservoir du mont « Ancon ». La chambre se composera d'un simple dépôt de section rectangulaire situé plus haut que les eaux des plus fortes crues.

Pour lui donner de la stabilité et obtenir des parois imperméables, on fera usage de murs de soutènement latéraux et le sol sera en béton hydraulique. La surface interne sera revêtue d'une couche de ciment de 3 à 4 centimètres d'épaisseur.

La constance de la pression sera obtenue par deux déversoirs d'une surface suffisante pour permettre la sortie de toute l'eau dont le niveau serait supérieur à la cote $80^m,50$. Cette hauteur sera donc constante dans la chambre. Les sondages faits à l'endroit choisi pour ce dépôt font espérer, grâce à la consistance du terrain dans lequel elles seront fondées, que les murs d'enceinte pourront avoir des dimensions moindres que celles qui sont indiquées au plan.

Le tuyau qui conduit l'eau de la prise à la chambre d'entrée arrivera par une des extrémités de cette dernière tandis que par l'autre extrémité débouchera la conduite qui se dirigera vers le réservoir du mont « Ancon ».

A l'entrée de la conduite venant de la prise d'eau, il y aura deux vannes enfermées dans un cadre de maçonnerie; l'une servira à couper la communication entre la prise d'eau et la chambre et l'autre servira à relier la prise d'eau avec la conduite d'amenée sans passer par la chambre, ce qui sera obtenu grâce à une conduite extérieure à cette chambre. De cette façon, on pourra s'occuper du nettoyage sans interrompre le service de la conduite maîtresse.

Les plans et sections que nous présentons pour cet ouvrage montrent les dispositions recommandées pour la pose des conduites d'entrée et de sortie des eaux, drainages de fond, etc. En outre de ces dispositious, il y aura un tissu de fil de fer placé devant la bouche de la conduite d'entrée et une séparation qui divise la chambre en deux compartiments communiquant par la partie supérieure, ce qui forme à notre avis un ensemble de précautions qui permettra d'utiliser pour la clarification des eaux tous les moyens qu'on peut employer pour un dépôt de dimensions restreintes.

### Conduite entre la prise d'eau et la chambre de sortie.

Les eaux de la prise d'eau entrent dans la conduite par un tuyau incrusté dans le barrage et elles arrivent dans la chambre par un tuyau de 14 pouces de diamètre ($35^{cm},16$) et d'un peu moins de 1.000 mètres de longueur.

Le tracé définitif de cette partie de la conduite se fera de façon que les tuyaux occupent le moins possible du terrain que couvrent les inondations de la rivière. Les tuyaux reposeront soit sur des lits préparés dans la roche dont se composent les berges, soit en se servant de soutiens en fer scellés dans la roche.

De toute façon, cette partie du travail sera difficile et coûteuse tant à cause de la topographie que par la nature du terrain.

La tubulure se terminera dans la chambre de sortie de la façon désignée ci-dessus et sera pourvue d'une clef de suspension placée à courte distance du barrage et d'une ventouse placée dans la partie la plus haute du tracé.

La différence de niveau entre les surfaces des eaux de la prise d'eau et de la chambre est égale, dans l'étiage à :

$$82^{m},80 - 80^{m},50 = 2^{m},30.$$

Avec cette charge disponible et pour une longueur de 1.000 mètres qui est celle de la tubulure, un tuyau de $0^{m},35$ de diamètre donnera le débit suivant par seconde :

$$\text{Débit} = (0,35)^2 \times 0,7854 \times \sqrt{\frac{0,175 \times 0,0023}{0,001088}}$$

soit 58 1/2 litres.

Dans la période des hautes eaux, la différence de niveau montera à $7^m,30$, de sorte que le volume, qui entrera, dans ce cas, dans la chambre, sera égal à $58 \ 1/2 \times \sqrt{\dfrac{7.3}{2.3}} = 104$ litres par seconde. Il y aura par conséquent, un excès d'eau égal à 46 litres par seconde qui sortira par les déversoirs de la partie supérieure de la chambre.

### Conduite maîtresse.

Cette conduite part de la chambre de sortie et passe d'abord par un terrain plan et légèrement incliné sur une longueur de 1.300 mètres, sur la rive droite du « Juan Diaz » jusqu'à l'arrivée aux premières ondulations de terrain, qui se rencontrent dans le trajet.

Ces parties seront traversées en faisant les déboisements strictement nécessaires pour pénétrer dans des terrains qui ne sont pas sujets à des éboulements. La tranchée des conduites traversera, dans toute cette partie, de la terre végétale, argile ou pierres roulées incrustées dans l'argile. Elle coupera, en outre, deux petits ruisseaux.

La conduite continue ensuite, sur un terrain ondulé et traverse deux profonds ravins avant d'arriver au rio « Mariprieta » qui se trouve au point kilométrique 3,730 à partir de la prise d'eau, choisie pour origine du kilométrage. Les tranchées se feront en général dans une terre argileuse de facile extraction.

La conduite maîtresse traversera le « Mariprieta » à 170 mètres de sa réunion au « Juan Diaz », et la cote des eaux en ce point est $37^m,06$.

Au passage de cette rivière on placera une clef de vidange.

Après la forte montée de la rive droite de Mariprieta, on trouve des terrains en pente douce et on passe les savannes de « Miraflorès » pour tomber dans le rio de « Las Lagas » au kilomètre $5^{km},380$, où les eaux du rio se trouvent à la cote $26^m,44$.

Les tranchées se feront en terrains analogues à ceux de la zone antérieure. La roche affleure hors de l'eau dans le voisinage du tracé indiqué sur le plan, tracé qu'il conviendra peut-être de dévier légèrement sur ce point.

Au passage de cette rivière, on placera la première vanne de suspension.

Après le rio « Las Lagas », on entre dans la quebrada du même nom, à courte distance de l'endroit où le tracé coupe le rio.

Cette quebrada prend sa source 700 mètres au-dessus de la ligne qui divise les eaux des rios « Las Lagas » et « Palomo ».

La quebrada n'est qu'un torrent, à sec pendant l'été, qui court sur un lit de roches et dont la largeur est de 4 à 5 mètres.

Le tracé qui figure sur le plan suppose le cas le plus défavorable dans lequel on suivrait le lit contre le courant au lieu de passer par les terrains un peu brisés de la rive gauche.

Après le kilomètre qni se trouve compris entre la prise d'eau et la chambre de sortie, cette partie sera la plus difficile pour la pose de la conduite.

La naissance de la quebrada marque le point culminant du tracé. Sur ce point, la ligne de charge passe à une hauteur de 10 mètres sur la conduite.

La conduite maîtresse passe ensuite par la vallée de la quebrada « Gran Diablo », affluent du rio Palomo, jusqu'à croiser ce rio au point kilométrique $8^{km},800$ à la cote $18^{m},43$, en coupant quatre fois cette quebrada. Celle-ci, de même que le rio, est à sec pendant l'été.

La roche affleure dans la quebrada, mais non dans la rivière où il faudra examiner le sous-sol pour déterminer le meilleur point de passage.

La tranchée de la conduite maîtresse se creusera dans cette zone en un terrain argileux où se trouvent encastrées quelques pierres roulées.

En cet endroit, on placera une vanne de suspension et une clef de vidange, l'une près de la quebrada et l'autre près du rio. On placera aussi une ventouse.

Après avoir traversé le rio « Palomo », on entre dans les pâturages de la « Pulida » et l'on continue à travers des terrains peu élevés jusqu'au rio « Matias Hernandez ». La tranchée se creusera dans la terre argileuse en général. On placera une ventouse dans la partie la plus haute de la colline qui se rencontre en quittant le « Palomo ».

La roche affleure dans le « Matias Hernandez », et l'on placera là une vanne de suspension et une autre de vidange.

On croise cette rivière au point kilométrique $11^{km},575$ et à la cote $13^m,34$.

La pression maxima à cet endroit correspond à près de sept atmosphères, et l'on doit choisir pour la vanne de suspension un dispositif qui en facilite la manœuvre.

Après le « Matias Hernandez », on traverse le massif qui sépare les eaux de ce rio de celles du rio « Abajo », endroit où l'on placera encore une ventouse.

Il faudra traverser la roche sur une petite étendue, et l'on coupera la quebrada « Limon » en un point où la roche affleure.

Près du rio, on placera une vanne de suspension et une vanne de vidange.

A environ 1 kilomètre du rio « Abajo », la conduite arrive dans la savanne, et la suit sur un trajet sensiblement rectiligne jusqu'à l'arrivée à un endroit qui se trouve un peu en avant de la quebrada « Tumba Muerta » où la conduite traverse le chemin pour passer à travers les terrains de « Bella Vista », et rejoindre de nouveau le chemin à l'extrémité de ces terrains.

On continue ensuite le long de la route, pour arriver aux pentes du Cerro « Ancon » au jardin de « Santa Rosa », qui est l'endroit choisi pour l'emplacement du réservoir. — Cette partie du tracé ne présente rien de particulier. On y rencontre les quebradas « Carrasquilla », « Guajabo » et le rio « Mata-Asnillo ». Il ne sera pas difficile de les traverser, tant à cause de leur peu d'importance que des facilités offertes par la saison sèche.

On placera les vannes de suspension et les vannes correspondantes de vidange de façon à diviser cette partie de la conduite maîtresse en tronçons qui ne dépasseront pas 3 kilomètres de longueur.

Il y aura en outre, d'autre clefs de vidange dans les dépressions d'une certaine importance et des ventouses à tous les points où l'on pourrait craindre l'accumulation de l'air.

Toutes les vannes et ventouses seront pourvues de caisses en maçonnerie ou en bois.

La profondeur à laquelle devra être enterrée la conduite maîtresse variera selon la nature du terrain; mais en moyenne, elle n'a pas besoin de dépasser 50 centimètres.

### Réservoir.

Avec une conduite maîtresse de 35 centimètres de diamètre, il n'y aurait pas besoin de constituer une réserve pour le service journalier, mais il est cependant nécessaire de pouvoir compter sur une réserve pour les cas d'incendie ou d'avaries à la conduite maîtresse.

En vue de l'économie dont il est nécessaire de tenir compte pour pouvoir mener à bien l'entreprise, nous recommandons que l'on commence par établir un réservoir de 1.500 mètres cubes de capacité et qu'on l'augmente ensuite à mesure que les circonstances l'exigeront.

Il y aurait une économie notable à construire un réservoir en bois, dont la durée est suffisante pour en justifier l'emploi.

Nous préférons les réservoirs en bois à ceux en métal, parce que le prix des premiers est inférieur de moitié à celui des seconds, et comme on peut calculer la durée du bois à vingt années, il résulte que l'intérêt durant ce temps de la somme économisée serait supérieur à la dépense nécessaire pour renouveler le réservoir.

En ce qui concerne la capacité réduite du réservoir, il convient de faire observer qu'elle possède des avantages au point de vue de l'hygiène parce que l'eau est plus fréquemment renouvelée et qu'on évite le développement des germes auquel donnerait lieu un repos prolongé.

La pratique la plus récente tend en effet à préférer qu'une population supporte pendant un temps court les inconvénients d'un dosage d'eau inférieur à la quantité normale, et qu'elle ait en échange le bénéfice d'une eau parfaitement potable.

Les réservoirs se construisent en bois de cyprès qui est le bois ayant donné les meilleurs résultats aux États-Unis, où l'usage de ces réservoirs s'étend chaque jour davantage. Ils seront placés sur une plate-forme de bois ou de fer, qui elle-même reposera sur des piliers en maçonnerie d'une hauteur suffisante pour pouvoir protéger la plate-forme. Ils seront pourvus de clefs permettant de les isoler les uns des autres pendant leur nettoyage.

10

### Réseau de conduites en ville.

On a pris pour base du calcul des conduites de distribution en ville la quantité d'eau à fournir en cas d'incendie et non de consommation ordinaire.

### Clarification des eaux.

On n'a pas prévu d'ouvrages spéciaux dans ce but, parce qu'on pourra mieux apprécier jusqu'à quel point ils seraient nécessaires lorsqu'on aura terminé les études commencées sur le régime des eaux pendant les diverses saisons.

### Matériel des conduites.

L'adoption des tuyaux en fer laminé se recommande à cause du coût excessif de transport des pièces pesantes à travers des régions d'un accès difficile.

Dans le devis nous avons pris pour base les tubes connus sur le marché américain sous le nom de *Converse joint tubes* que fabrique la « National Tube C° », de New-York.

L'épaisseur de ces tuyaux serait de 0,16 pour des tuyaux de 16 pouces. Ils peuvent résister à une pression de 16 atmosphères.

Ces tuyaux possèdent des qualités importantes au point de vue de la simplicité et de la perfection des joints, et de la facilité avec laquelle ils peuvent se placer; c'est pour cette raison que nous les recommandons de préférence à d'autres tuyaux analogues du marché américain.

Comme pour la ville même, la difficulté des transports n'existe pas, le réseau des conduites de distribution pourra être en fonte.

*Signé :*   PEDRO J. SOSA,

RICARDO. M. ARANGO,

# IV

# MES NÉGOCIATIONS

## AVEC LE GOUVERNEMENT DE PANAMA

# MES NÉGOCIATIONS

## AVEC LE GOUVERNEMENT DE PANAMA

Je suis arrivé à Panama le 17 novembre.

Ma première visite a été pour M. Lewis, le chef de la banque Ehrman. Celui-ci me donne l'assurance qu'il fera tous ses efforts pour amener le succès de mes négociations. Il me fait espérer que nous obtiendrons la concession, mais il m'engage à ne pas forcer la note dans ma soumission, attendu que la concurrence anglaise est probable et qu'il y a, à Panama, une opposition très sérieuse à la tête de laquelle se trouvent Thomas Errera, l'ancien préfet, ami intime du gouverneur et Recuero, le président du Conseil municipal, qui ne veulent à aucun prix entendre parler des étrangers et soutiennent que le gouvernement, avec les ressources dont il dispose, doit faire les travaux lui-même.

M. Lewis m'assure que M. Sosa travaille à nous faire réussir. Le lendemain de mon arrivée, je suis allé voir le gouverneur qui m'a fait le meilleur accueil et m'a affirmé que toute la sympathie du Gouvernement nous était acquise. Les renseignements fournis par M. Sosa, en ce qui nous concerne, étaient tels qu'il faisait des vœux pour la réalisation d'un accord avec notre groupe.

Au cours de la conversation, le gouverneur m'a annoncé son intention de réunir une Commission chargée d'examiner mes propositions.

Craignant que cette Commission ne fît de la mauvaise besogne, j'ai déclaré au gouverneur que je ne voyais pas matière à négociations, avant l'adjudication.

J'étais porteur d'une soumission dont les termes avaient été pesés par mon groupe, et j'allais la déposer telle quelle le 30 novembre. Des pourparlers ne deviendraient nécessaires que dans le cas où ma soumission ne serait pas acceptée. Le gouverneur s'est rangé à mon avis.

Voyant le terrain favorable, je lui ai fait connaître les modifications essentielles que nous avions apportées au contrat Hirché, notamment en ce qui concerne les délais.

Le lendemain, je suis allé voir l'évêque. — Celui-ci me promet toute son influence. Il est hostile au Gouvernement et craint que celui-ci ne nous donne pas la concession, dans l'intention, absurde, selon lui, de faire les travaux pour son compte.

Il m'engage vivement à entamer une campagne de presse qu'il croit de nature à contraindre le gouvernement à signer le contrat. Le directeur du *Star and Herald* devant dîner avec lui le jour même, il lui demandera de publier un premier article.

Je le prie de ne donner aucune suite à ce projet. Une campagne de presse n'est nullement nécessaire. Elle est inutile auprès de la partie éclairée de la population qui est manifestement avec nous; elle ne produira aucun résultat auprès de nos adversaires, et elle peut indisposer le Gouvernement. Voyant que l'évêque n'abandonnait pas cette idée, je suis allé voir le directeur du journal, à qui j'ai demandé de ne rien publier avant la signature du contrat. Le journal s'est borné à annoncer notre arrivée dans les termes suivants :

*Star et Herald du 19 novembre.* « Parmi les passagers arrivés par le » paquebot « Finance », de la Columbian Line, se trouvent MM. Lebon » et Pierre Marolle qui viennent traiter avec le Gouvernement local » l'affaire de l'aqueduc. M. Lebon, ingénieur belge, est le chef du » syndicat qui a envoyé dernièrement M. Hirché dans l'Isthme. » M. Pierre Marolle est un des vieux pionniers de l'œuvre du Canal. » De 1881 à 1889, il n'a cessé de travailler à l'ancienne Compagnie, » soit comme ingénieur, soit comme entrepreneur. Il retrouve à » Panama d'anciens camarades heureux de le revoir et se voit entouré » dès son arrivée de la sympathie de tous, M. Marolle étant de ceux » qui se font aimer et estimer partout où ils vont. Nous souhaitons » à MM. Lebon et Marolle la bienvenue et la réussite de leurs projets. »

J'ai ensuite vu les personnes suivantes, d'après les conseils de M. Lewis :

1° D. Pablo Arosemen, ancien président de la République de Panama, candidat à la présidence de la République de Colombie, jurisconsulte éminent que j'ai pris comme avocat ;

2° J. H. Recuero, président du Conseil municipal ;

3° J. A. Arengo, sénateur, frère du gouverneur ;

4° Tomas Errera, ancien préfet ;

5° Belin, chef de service administratif de la Compagnie du Canal interocéanique ;

6° Menge, chef du service technique de la même Compagnie ;

7° Félix et John Ehrmann, banquiers ;

8° La sœur Marie, directrice de l'hôpital, et enfin les consuls de Belgique, de France, d'Angleterre et d'Allemagne.

Toutes ces personnes me font le meilleur accueil. Il est visible que la recommandation de M. Sosa y est pour beaucoup. J'ai bientôt acquis l'assurance que la grande majorité de la population appelle de tous ses vœux la réussite de nos projets et que MM. Lewis, Sosa et Arengo m'appuieraient de toute leur influence.

En attendant l'arrivée de M. Sosa, je suis allé visiter les travaux de la Boca, ainsi que le rio « Juan Diaz » comme je l'ai dit plus haut.

Je suis rentré à Panama le 27 novembre, jour fixé pour l'arrivée de M. Sosa à qui je voulais remettre ma soumission avant de la donner à traduire. On m'annonce que le bateau américain a un retard considérable et que M. Sosa n'arrivera à Panama que le 29 novembre, dans la soirée. L'adjudication étant fixée au 30 novembre à 11 heures, je n'avais qu'une chose à faire : marcher de l'avant, sans l'attendre. Prenant comme base le contrat que m'avait remis M. Cossoux la veille de mon départ de Bruxelles, je me suis décidé à risquer le tout pour le tout et j'y ai fait les modifications que M. Marinovitch m'a transmises ensuite par câble et par lettres reçues trois jours avant l'adjudication.

Ne sachant pas si j'aurais l'occasion de voir M. Sosa pendant les quelques heures qui sépareraient son arrivée à Panama de la remise des soumissions, je lui ai adressé la lettre suivante, accompagnée d'une copie de ma soumission.

Panama, le 29 novembre 1896

*A Monsieur Pedro Sosa, Ingénieur du Gouvernement, Panama.*

MONSIEUR L'INGÉNIEUR,

J'ai eu l'honneur d'être reçu par M. le gouverneur, avec qui je me suis entretenu de la question de la distribution d'eau. Au courant de la conversation, j'ai indiqué quelques points du contrat qui devront être modifiés, notamment la question des délais fixés pour le commencement des travaux. M. le gouverneur m'a promis d'examiner mes propositions avec le sincère désir d'arriver à un accord.

J'aurais voulu pouvoir vous remettre ma soumission avant de la donner au traducteur, mais votre arrivée si tardive a rendu la chose impossible.

Je vous remets ci-joint une copie de ma soumission.

J'aurai l'honneur de me présenter chez vous demain à 8 heures du matin afin de m'assurer que nous sommes complètement d'accord sur tous les points.

Voici les modifications apportées au texte qui vous a été remis lors de votre passage à Bruxelles : ces modifications ont été reconnues nécessaires à la suite des conférences que M. Cossoux a eues avec son groupe financier.

### Source d'approvisionnement.

La source d'approvisionnement est le rio « Juan Diaz ».

Il est indispensable d'empêcher que, maintenant ou dans l'avenir, on ne puisse altérer les *qualités* de l'eau du « Rio Diaz » par l'installation éventuelle d'établissements sur ses rives. Il faut aussi empêcher que des défrichements ne puissent modifier les conditions climatériques de la région et *diminuer* ou *tarir* la source d'approvisionnement. Cela est d'un intérêt primordial.

Il est bien certain qu'actuellement cette éventualité n'est pas à craindre, mais il faut toujours prévoir l'avenir et empêcher que cela ne se produise plus tard.

Nous demandons en conséquence qu'il soit dit : . . . . . (suit le texte de M. Cossoux). . . . .

### Délais.

I. — Le contrat stipule que nous serons déchus de la concession si nous n'observons pas les délais prescrits pour l'exécution des travaux.

Il est nécessaire de dire clairement que l'observation rigoureuse de ces délais est subordonnée à la remise, en temps utile, des terrains nécessaires pour l'ouvrage, après expropriation, si celle-ci est nécessaire.

En conséquence, nous demandons que l'article 7 soit complété comme suit :

. . . . . Ce délai prendra cours du jour où les soussignés auront reçu, quittes et libres de toutes charges, tous les terrains et servitudes nécessaires pour l'exécution de toute l'entreprise.

Ces trois lignes ont la même signification que la fin du paragraphe 6 de l'article 29 qui devient inutile.

II. — Les délais acceptés par M. Hirché pour le commencement des travaux sont trop courts.

Il est indispensable d'accorder aux concessionnaires le temps nécessaire pour réaliser dans les meilleures conditions un travail de cette importance. Quel intérêt le Gouvernement aurait-il à nous voir commencer immédiatement les travaux s'il constatait ensuite que ceux-ci avancent lentement par suite de la nécessité de faire, en cours d'exécution, des études de toute nature ou par suite du manque de matériel, étant donnés les délais trop courts pour le commander et l'amener dans l'Isthme ?

Nous avons pleine confiance dans la façon dont le projet a été étudié sous votre direction et il est certain que vos plans nous seront

11

d'une grande utilité, mais encore faut-il, pour que nous puissions assumer toute la responsabilité de l'entreprise, que nous ayons fait des études sur place.

Notre mandataire à Panama, M. Hirché, n'a vu qu'une chose : obtenir la concession à tout prix, acceptant pour cela des délais quelconques, quitte ensuite à ne pas les observer, par impossibilité matérielle. Nous n'entendons pas procéder de cette façon. Nous tiendrons rigoureusement nos engagements et c'est pourquoi nous ne voulons accepter que des choses qui sont pratiquement réalisables.

Or, il faut tenir compte du temps nécessaire aux objets suivants :

1° Proclamation du résultat de l'adjudication ;

2° Signature du contrat notarié de concession ;

3° Remise d'une expédition de ce contrat aux concessionnaires ;

4° Légalisation de ce contrat par le Consul de Belgique à Panama ;

5° Remise de ce contrat légalisé aux mains du notaire de Bruxelles devant lequel se constituera la Société ;

6° Constitution de la Société anonyme ;

7° Publication des statuts de la Société dans le *Moniteur du Gouvernement belge*, avec observation des délais légaux.

8° Notification de la constitution de la Société anonyme et envoi de ses statuts au Gouvernement de Panama ;

9° Reconnaissance de la Société par le Gouvernement et approbation du transfert de la concession à cette Société ;

10° Notification de cette approbation à Bruxelles.

Il y en a là pour environ six mois en supposant qu'on ne perde pas un seul jour.

C'est seulement après avoir reçu avis de l'approbation du transfert que la Société pourra organiser son personnel, traiter avec ses entrepreneurs généraux, envoyer à Panama son représentant auprès du Gouvernement. Et c'est seulement alors que les études et travaux préliminaires pourront commencer.

Ceci prouve à l'évidence que les délais acceptés par M. Hirché rendent l'exécution de l'entreprise absolument impossible et qu'il n'est personne au monde qui soit en situation d'observer ces délais. Mais encore une fois, quel intérêt le Gouvernement peut-il avoir à imposer des délais trop courts pour le *commencement* des travaux. Il est incontestable que nous observerons les délais fixés pour le complet *achèvement* de l'entreprise. Nous y sommes contraints, faute de quoi nous perdrons la concession ; notre cautionnement sera confisqué ; enfin, il est une chose qui offre une garantie plus sérieuse encore : c'est la personnalité des gens qui sont à la tête de l'affaire. Nous demandons au Gouvernement de Panama de ne pas se placer vis-à-vis de nous dans une attitude de défiance qui était peut-être justifiée autrefois, mais de vouloir considérer que nous poursuivons le même but, qui est de doter la ville de Panama d'une distribution d'eau irréprochable sous tous les rapports.

Nous avons décidé d'adjoindre à notre représentant dans l'Isthme un spécialiste distingué en matière de distribution d'eau. Il est donc hors de doute qu'aussitôt commencés, les travaux seront poursuivis rapidement et régulièrement de façon à être terminés pour la date convenue.

En considération de ce qui précède nous demandons que tous les délais partent du jour de l'approbation du transfert de la concession à la Société anonyme à constituer. Les nouveaux délais sont :

Pour la remise des plans, six mois après l'approbation du transfert ;

Pour le commencement des travaux, un an après l'approbation du transfert ;

Durée des travaux : trente mois.

### Eau gratuite.

#### Art. 11.

Il est indispensable de fixer dans le contrat la quantité d'eau *maximum* à fournir gratuitement à la Ville. Nous demandons, en outre, que le Gouvernement nous paie l'eau consommée par les troupes de la garnison.

### Tarif.

L'abonnement à robinet libre ne sera pas accordé aux appartements dans lesquels s'exerce un commerce ou une industrie quelconque donnant lieu à l'emploi de l'eau.

### Obligations du Gouvernement.

#### Art. 26.

1° Le Gouvernement défendra les défrichements dans le bassin hydrographique du « Juan Diaz », ainsi que l'intallation d'établissements insalubres ou le déversement de matières pouvant contaminer les eaux.

2° Il sera stipulé que les concessionnaires n'auront aucun droit de douane à payer au Gouvernement sur les produits fabriqués ou non, ou sur les matériaux devant être employés dans les travaux, ou par l'exploitation.

3° Il sera dit d'une façon bien explicite que *la taxe de l'eau est assimilée aux impôts*, et que pour les paiements en retard, *les concessionnaires jouiront de tous les droits du fisc (lois coercitives)*.

### Égouts.

Les égouts sont le complément indispensable de la distribution d'eau. Étant donné que le gouverneur n'a pas le pouvoir de traiter actuellement pour les égouts, et d'autre part ne pouvant attendre que l'assemblée départementale ait statué sur cette question, nous demandons un engagement conditionnel : au cas où le gouvernement décreterait l'établissement du réseau d'égouts, les concessionnaires de la distribution d'eau auront la préférence, à conditions égales.

Veuillez agréer, je vous prie, Monsieur l'Ingénieur, l'expression de mes sentiments distingués.

*(Signé)* : Lebon.

M. Sosa étant arrivé à Panama le 29 novembre dans l'après-midi, j'ai pu m'entretenir avec lui pendant quelques instants. Je lui ai remis la lettre ci-dessus, accompagnée de ma soumission, et nous avons pris rendez-vous pour le lendemain à 8 heures du matin.

Je l'ai revu le même jour, dans la soirée; il avait présenté mes observations au gouverneur, et ensuite de cet entretien il m'engageait à présenter ma soumission tellé quelle, sauf en ce qui concernait les *délais*. Sur ce point, il jugeait dangereux de maintenir mon texte. Le Gouvernement entendait marcher de l'avant si nous n'étions pas en mesure de commencer nos opérations six mois après la signature du contrat. Un parti d'opposition très influent avait beaucoup travaillé en son absence, et étant données les propositions sérieuses faites par diverses maisons pour la fourniture du matériel, et même en présence d'une soumission concurrente qui serait peut-être présentée par l'intermédiaire du consul d'Angleterre, nous devions être très prudents et craindre d'éveiller des doutes sur la certitude que nous avions d'être en mesure de faire l'affaire au cas où le Gouvernement nous donnerait la préférence. M. Sosa paraissait sérieusement inquiet, et j'ai pu constater dans la suite que ce n'était pas sans motifs. Il insistait avec chaleur pour que j'acceptasse un délai de six mois pour le commencement de nos opérations.

J'ai combattu jusqu'à la dernière minute, et nous nous sommes quittés sans conclure. Le matin même de l'adjudication il est revenu à la charge. Il était très nerveux et s'est fâché parce que je semblais ne pas comprendre ce qu'il ne voulait pas me dire trop explicitement. Comme je m'obstinais, il s'est écrié : « Mais je ne comprends pas, et le Gouvernement ne comprendra pas pourquoi ce délai de six mois n'est pas suffisant pour un projet que vous étudiez depuis si longtemps. Vous n'en êtes plus à chercher les personnes auxquelles vous devez le présenter; car enfin, vous êtes sûrs de votre affaire, n'est-il pas vrai? Vous n'allez pas nous planter là dans six mois, faute d'avoir trouvé les fonds nécessaires? Vous êtes bien en situation de tenir vos promesses. » J'ai compris que M. Sosa avait dû s'engager à fond pour nous, et qu'il avait donné l'assurance que la Société serait constituée aussitôt après la signature du contrat. C'est en effet ce qu'il avait été obligé de faire pour décider le gouverneur à ne pas céder aux instances de quelques-uns de ses amis qui l'engageaient à confier les travaux aux ingénieurs du Gouvernement. J'ai cédé alors, mais j'ai demandé, par

còntre. que le transfert de la concession à la Société fût immédiatement accepté, ce qui devait nous faire gagner au moins trois mois.

M. Sosa s'est engagé à obtenir l'assentiment du gouverneur sur ce
point. Seulement, comme nous ne pouvions pas avoir les mains liées
au sujet de la constitution de la Société, notamment en ce qui concerne les statuts, il était nécessaire que le gouvernement nous donnât
un blanc-seing au sujet de cette constitution. Pour justifier ce blanc-
seing, M. Sosa jugeait nécessaire de dire que la Société serait constituée par le groupe à la tête duquel se trouve M. Léon Cossoux. J'ai
pensé que M. Cossoux ne ferait pas d'objection à ce que son nom figurât
dans le contrat. C'est en somme un hommage rendu à sa réputation.

J'étais donc complètement d'accord avec M. Sosa au sujet de ma
soumission, mais il était 10 heures du matin, et je devais la déposer
à 11 heures.

Il fallait rédiger les nouveaux articles et les faire traduire. J'ai
demandé alors la remise de l'adjudication au lendemain, remise justifiée par les fêtes de l'indépendance de la Colombie qui se célébraient
le 30 novembre.

Quelques instants après, M. Sosa m'apprenait que le gouverneur
avait postposé l'adjudication à *dix jours* de date, la loi ne permettant
pas de faire autrement.

Je ne pouvais accepter cela. Ce délai pouvait permettre à la concurrence de nous barrer la route. L'opposition pouvait provoquer un vote
sur lequel il ne serait plus possible de revenir. Tout le contrat pouvait
être remis en discussion.

Je demandai à M. Sosa de m'accompagner chez le gouverneur à
qui j'annonçai que ma soumission était prête, que le traducteur devait
me la remettre d'une minute à l'autre et que je serais en mesure de
la déposer le jour même avant une heure. Le gouverneur m'a promis
d'attendre jusqu'à midi. Il s'est laissé aller à me dire que cela n'offrait
aucun inconvénient parce qu'il venait d'apprendre que je me présen-
tais seul à l'adjudication.

Je suis allé aussitôt chez le traducteur, et, profitant de ce que je
venais d'entendre, j'ai encore modifié ma soumission comme suit :

A. — ART. 7. — Les concessionnaires reprendront la suite des

études et des travaux actuellement en cours d'exécution pour compte
du Gouvernement dans un délai de six mois après la signature de l'acte
notarié prescrit par l'article 31, et devront achever complètement
l'ouvrage, y compris la distribution à domicile dans le délai de trente
mois.

Ce délai prendra cours du jour où les concessionnaires auront reçu
quittes et libres de toutes charges tous les terrains et servitudes nécessaires pour l'exécution de toute l'entreprise.

B. — ART. 15. — *Tarif.* J'ai augmenté le tarif de 25 à 35 0/0,
comme suit :

| | | TARIF HIRCHÉ | MON TARIF |
|---|---|---|---|
| 1. | Un robinet pour une seule personne. | $ 1,20 | $ 1,50 |
| 2 | Pour chaque personne en plus . . . | 0,25 | 0,35 |
| 3. | Un robinet de palier . . . . . . . | 1,85 | 2,25 |
| 4. | Compteur, 50 litres obligatoires . . | 0,40 | 0,50 |
| 5. | Compteur, eau supplémentaire . . . | 0,80 | 1  » |

C. — ART. 19. — Les soussignés ne pourront céder ce contrat à
aucun Gouvernement étranger, mais seulement à des particuliers ou à
une Compagnie ou Société anonyme constituée par le groupe à la tête
duquel se trouvent les concessionnaires et M. N.-V. Léon Cossoux,
ingénieur à Bruxelles. Le gouverneur du département de Panama
déclare ratifier cette cession dès à présent de façon qu'à dater du jour
de sa constitution la Société anonyme sera dûment reconnue et mise
en possession de la concession qui motive ce contrat et se trouvera
ainsi substituée aux sieurs Lebon et Marinovistch dans tous leurs droits
et obligations.

Le 30 novembre, à midi, je déposais ma soumission.

La loi sur les adjudications donne au Gouvernement trois jours
pour se prononcer.

Le 3 décembre, dans la soirée on me remettait la lettre dont suit
la traduction :

GOUVERNEMENT
DU
DÉPARTEMENT DE PANAMA
—

Panama, le 3 décembre 1896.

MONSIEUR E. LEBON,

En suite de la soumission que vous avez remise le 30 novembre pour l'adjudication du contrat de concession de l'aqueduc de cette ville, nous vous remettons copie de la résolution n° 333, concluant au rejet de vos propositions pour les motifs qui y sont consignés. Nous tenons à votre disposition la somme de 5.000 piastres que vous avez déposée en vue de l'adjudication.

*L'Oficial mayor chargé du secrétariat,*
*(Signé)* ACASIO SANCHEZ.

---

GOUVERNEMENT DU DÉPARTEMENT
*Secretaria de Hacienda*
(Seccion 1.)
—

Panama, le 3 décembre 1896.

Vu la proposition remise par le sieur Émile Lebon, tant en son nom personnel que pour le sieur Bélisaire Marinovitch pour qu'on lui adjuge le contrat de concession pour la construction et l'exploitation de l'œuvre de l'aqueduc de la ville de Panama;

Considérant :

1° Que les conditions présentées ne concordent pas avec le cahier des charges publié au sujet de l'œuvre.

2° Que le soumissionnaire a manqué aux prescriptions du paragraphe cinquième de l'article 1537 du code fiscal par lequel il devait déclarer qu'il accepte le cahier des charges sans aucune restriction.

3° Que le tarif fixé pour le prix de l'eau est trop élevé et qu'il est établi en monnaie étrangère et ne tient pas compte des intérêts des habitants.

4° Que pour assurer le paiement du service des eaux, le soumissionnaire a stipulé qu'il pourrait faire usage de la loi coercitive, faculté dont est seul investi, en vertu de la loi, le receveur des contributions et qui, par cela même, ne peut pas être accordée à une Compagnie ou à des particuliers.

5° Que le sieur Lebon ne s'est pas engagé à rembourser au Gouvernement la totalité des dépenses faites par celui-ci pour l'œuvre, jusqu'au jour de la signature du contrat.

Il est résolu de déclarer inacceptable la proposition présentée par le sieur Lebon pour la construction de l'aqueduc.

Qu'il soit enregistré et communiqué.

*Le Gouverneur,*
RICARDO ARANGO.

*L'Oficial mayor de Hacienda encargado del Despacho,*
*(Signé)* ACASIO SANCHEZ.

------

Je connaissais le contenu de cette lettre avant de l'avoir reçue. M. Sosa m'avait mis au courant de ce qui se passait.

Tomas Errera, le chef de l'opposition, avait trouvé enfin un argument sérieux à faire valoir : il prétendait que le gouverneur n'avait pas le droit d'imposer *l'obligation* de s'abonner au service de l'eau.

Si cette obligation figurait dans le contrat, il menaçait de s'adresser à la Cour suprême et de le faire annuler. Les avocats consultés n'osaient pas conseiller au gouverneur de passer outre. En conséquence le Gouvernement allait tenter de me faire renoncer à la clause de *l'eau obligatoire* ainsi qu'à celle qui nous accordait la juridiction coercitive en cas de non-paiement.

J'ai répondu comme suit au gouverneur :

12

Panama, le 4 décembre 1896.

*A Son Excellence Don Ricardo Arango, gouverneur du département de Panama. Panama.*

Excellence,

J'ai l'honneur de vous accuser réception de votre lettre en date du 3 courant, par laquelle vous m'annoncez que ma soumission à l'adjudication du 30 novembre dernier n'est pas acceptée.

J'ai reçu également copie de la résolution n° 333 énumérant les motifs qui ont provoqué le rejet de mes propositions.

Avant de considérer ma mission comme terminée, je viens vous prier de vouloir examiner s'il n'y a pas lieu, à la suite du résultat négatif de l'adjudication, de rechercher le moyen de conclure de commun accord sur les points au sujet desquels l'entente n'existe pas.

Je me tiens à la disposition de Votre Excellence dans ce but et j'ai l'espoir de pouvoir traiter de gré à gré avec le Gouvernement, de façon à sauvegarder tous les intérêts en jeu.

Permettez-moi d'attirer votre attention sur la nécessité où je me trouve de ne pas prolonger mon séjour à Panama au delà du 22 courant. Mes affaires personnelles, que j'ai forcément abandonnées pour remplir la mission dont j'étais chargé, me réclament. D'autre part, un retard dans la conclusion de l'affaire paraîtrait inexplicable à mon groupe financier, et cette impression pourrait compromettre le succès de mes négociations en Belgique.

J'estime, en conséquence, qu'une solution très prochaine est désirable dans l'intérêt de tous.

Veuillez agréer, je vous, Excellence, l'expression de mes sentiments de haute considération.

(Signé) E. Lebon.

Le 5 décembre, je recevais une deuxième lettre du gouverneur.

Gouvernement de Panama

Panama, le 5 décembre 1896.

Monsieur E. Lebon,

Son Excellence le gouverneur ayant pris connaissance de la communication que vous lui avez adressée hier au sujet de l'œuvre de l'aqueduc de la ville de Panama, m'a donné pour instructions de vous dire qu'en vue d'arriver à un arrangement au sujet d'une question aussi importante, il a nommé une Commission composée des sieurs :

Don Pedro Sosa, Tomas Errera, Pablo Arosemen et D. Amador Guerrero, pour examiner et discuter avec vous les termes d'un contrat qui pourrait donner satisfaction à tous les intérêts.

Dieu vous garde.

*El Oficial Mayor,*
*Signé :* Acasio Sanchez.

On remarquera que cette Commission était fort bien composée. Sur quatre membres, trois étaient de fervents partisans de la concession. Le quatrième, il est vrai, était mon plus dangereux adversaire.

Comme je l'ai dit, Pablo Arosemen était mon avocat.

La première réunion de la Commission, à laquelle j'assistais, a eu lieu, chez le Gouverneur, le 7 décembre à 4 heures de l'après-midi. Au moment où je m'y rendais, on m'annonce que Tomas Errera refuse d'en faire partie, ne voulant pas assister à l'abdication du Gouvernement aux mains des étrangers.

J'ai immédiatement pris la parole et j'ai défendu mes propositions article par article. Sur les points principaux : durée de la concession, eau obligatoire, tarif majoré, fixation du change, lois coercitives pour les cas de non paiement, j'ai conclu en déclarant que je ne pouvais faire aucune concession et que mon contrat était à rejeter en bloc ou à accepter tel quel.

Pablo Arosemen, qui présidait, m'a répondu que la Commission rendrait compte de mes déclarations au Gouverneur ; qu'il croyait pouvoir me dire dès maintenant qu'un seul point restait en litige : *l'eau obligatoire.*

Puisque j'en faisais une condition *sine qua non*, il n'y avait, à son avis, qu'un seul moyen d'aboutir : le Gouverneur allait immédiatement télégraphier au Président de la République, à Bogota, pour lui demander de faire voter par le Congrès une loi spéciale décrétant l'abonnement obligatoire au service des Eaux de Panama. Ce Congrès, qui se réunit tous les deux ans, était précisément en session.

Aussitôt le vote du Congrès obtenu et l'avis reçu par câble, nous nous réunirions de nouveau pour rédiger définitivement le contrat.

Je priai M. Arosemen de confirmer au Gouverneur que je quitterais Panama le 22 décembre.

Du 7 au 20 décembre, le Gouverneur a été en communication par câble avec le Président de la République et les députés permanents de Panama à Bagota. On lui faisait espérer une solution favorable.

Le 20 décembre, n'ayant pas encore de réponse définitive, je demandai au Gouverneur de réunir d'urgence la Commission pour entendre une communication importante.

La réunion, présidée par le Gouverneur, eut lieu le lendemain, 21 décembre.

Je déclarai qu'il ne m'était pas possible de rester plus longtemps dans l'incertitude. Laissant de côté la question de *l'eau obligatoire,* pour laquelle la décision du Congrès était attendue, je demandai au Gouverneur de se prononcer immédiatement sur les autres points en litige.

J'ajoutai qu'en présence de la longueur de nos négociations, je ne pouvais plus avoir aucune certitude quant aux intentions de mon groupe financier et que, par conséquent, je demandais jusqu'au 1er avril pour accepter définitivement la concession qui me serait accordée à l'heure actuelle, et pour déposer le cautionnement. Cela me fut concédé sans difficulté. Tous les délais commençant à courir à partir du 1er avril seulement, j'obtenais ainsi une prolongation de trois mois pour tous les délais et j'avais cette satisfaction de ne plus devoir exposer le cautionnement.

A ce moment, le gouverneur proposa d'insérer dans le contrat une clause prévoyant le rachat de la concession. Je m'attendais à cela et je répondis catégoriquement que s'il était question de rachat, je devrais me refuser à signer le contrat. En matière de distribution d'eau, les commencements sont toujours difficiles, les dernières années sont les meilleures, et nous ne pouvions admettre en aucune façon que l'on songeât à nous priver du bénéfice de ces dernières années.

Le gouverneur n'a pas insisté.

Enfin, constatant que le gouverneur était absolument désireux de signer le contrat, je déclarai que la stipulation relative aux égouts était également une condition *sine qua non*.

Là je dus subir l'assaut de la Commission tout entière. La loi impose l'obligation de mettre les travaux en adjudication publique et par conséquent le gouverneur ne pouvait pas nous promettre que nous aurions la préférence à conditions égales.

Je tins bon et je fis remarquer que depuis trois semaines le gouverneur avait en mains mon projet de contrat dans lequel figurait la clause relative aux égouts. Comme on ne m'avait fait, jusqu'à ce jour, aucune objection, je venais précisément de télégraphier à Bruxelles que nous étions d'accord sur ce point. Il m'était donc absolument impossible de consentir à la suppression de cet article.

Le gouverneur me demanda alors un dernier délai de deux jours pour se prononcer définitivement sur ce point. J'annonçai qu'au lieu de quitter Panama le lendemain, comme je l'avais décidé d'abord, je retarderais mon départ jusqu'au 24 décembre, dans le cas où le Gouverneur n'accepterait pas mes propositions.

Dans le cas contraire je resterais à Panama jusqu'au 2 janvier, pour attendre la décision du Congrès de Bogota et signer le contrat.

Le 23 décembre, nous nous réunissions de nouveau et j'apprenais enfin que nous étions d'accord sur tous les points et qu'il ne restait plus qu'à attendre la décision du Congrès.

Au moment où le gouverneur allait lever la séance, la dépêche de Bogota lui parvint : c'était l'ajournement indéfini de la question.

L'ordre du jour du Congrès était chargé à ce point qu'il n'avait pas été possible de discuter la demande du gouverneur avant la clôture de la session. Nous étions atterrés. Le gouverneur était certainement aussi affecté que moi. Je le quittai pour aller faire mes préparatifs de départ.

———

Avant de considérer la partie comme définitivement perdue, j'ai voulu essayer de convaincre le gouverneur qu'il pouvait se passer du Congrès de Bogota pour décréter l'obligation de s'abonner à la distribution d'eau. J'ai fait des recherches dans les journaux officiels et le rapport du gouverneur à l'Assemblée départementale, et j'y ai trouvé des éléments qui m'ont permis de rédiger la note ci-après que j'ai remise à M. Sosa pour qu'il la communique au gouverneur. J'ai présenté également cette note à Pablo Arosemen qui a reconnu que j'étais dans le vrai.

### Note sur l'eau obligatoire.

Le gouverneur du département de Panama peut imposer l'obligation de s'abonner à la distribution d'eau sans qu'il soit nécessaire de faire intervenir le Congrès de Bogota.

A. — En effet, en 1889, le gouverneur de Panama a accordé un contrat de concession à la Société civile d'Etudes sous le régime de l'*eau obligatoire*.

Ce contrat a été ratifié par le gouvernement de Bogota.

Est-il sérieux de prétendre que ce qui a été reconnu légitime et nécessaire en 1889 peut être aujourd'hui déclaré impossible au point d'empêcher à tout jamais la ville de Panama d'être dotée d'une distribution d'eau.

B. — L'ordonnance n° 2 du 12 juin 1896, publiée par la Gazette officielle de Panama du 7 juillet 1896, n° 953, rendue par l'Assemblée départementale de Panama dit :

« L'Assemblée confère au gouverneur du département de Panama » *les pouvoirs les plus étendus* pour contracter au sujet de l'œuvre de » l'aqueduc (article 1).

» Les contrats que le gouverneur passera en vertu des pouvoirs
» que lui confère l'Assemblée par la présente ordonnance n'auront
» besoin d'aucune ratification ultérieure (article 2).

C. — L'ordonnance n° 38 du 13 juillet 1896, publiée par la Ga_
zette officielle de Panama du 16 juillet 1896, n° 958, rendue par
l'Assemblée départementale de Panama, confirme l'ordonnance précédente dans tous ses termes, et ajoute que la durée de la concession ne
pourra pas dépasser 75 ans.

Il résulte de ce qui précède qu'en insérant l'obligation de l'abonnement dans le contrat, le gouverneur ne fait qu'user des pouvoirs
qui lui ont été conférés. Il n'impose pas une chose nouvelle. Le décret
de 1889 rendant l'eau obligatoire, avec l'approbation du gouvernement
de Bogota, n'a pas été annulé.

Lorsque l'Assemblée départementale de Panama a donné *pleins
pouvoirs* au gouverneur pour traiter, elle n'a pas dit que le décret de
1889 ne serait pas appliqué. Le gouverneur est par conséquent dans
son droit en maintenant ce qui a été décidé autrefois.

D. — Enfin, il y a un moyen qui permet au gouverneur d'imposer
l'eau obligatoire sans recourir au Congrès de Bogota : il suffit qu'il
crée un *impôt nouveau* qui sera *l'impôt de l'eau potable*. Le décret rendu
à cet effet doit uniquement être ratifié par le. Président de la République qui peut envoyer cette ratification par câble.

En effet :

1°. — L'article 201 de la Constitution dit :

« Le département de Panama est soumis à l'autorité directe du
» Gouvernement (de la République) et sera administré par des décrets
» et des lois spéciales. »

2° Le *Diario oficial* de Bogota, organe officiel du Gouvernement
colombien, du 21 novembre 1894, n° 9634, publie le décret suivant,
rendu par le Congrès de Bogota :

*Loi 41 de 1894 (6 novembre)*

*qui réforme l'article 201 de la Constitution et le paragraphe 4° de l'article 76.*

Le Congrès de Colombie décrète :

« ARTICLE UNIQUE. — Il est dérogé à l'article 201 de la Constitu-
» tion et au paragraphe 4° de l'article 76.

» En conséquence, le département de Panama sera régi par la
» législation générale de la République.

» En matière d'impôt, il pourra être pris des dispositions législa-
» tives et exécutives spéciales pour le département de Panama. »

Donné à Bogota le 3 septembre 1892.

Soumis à l'examen définitif de la législature subséquente.

Approuvé définitivement le 3 novembre 1894.

Publié le 6 novembre 1894.

E. — Il résulte de ce vote du Congrès que le pouvoir exécutif,
c'est-à-dire le gouverneur de Panama, peut, sous réserve d'approbation
par le Président de la République, créer des impôts.

Le Congrès n'a plus à intervenir.

Il y a des précédents :

Le 12 juillet 1895, le Gouverneur du département de Panama a
promulgué un décret créant un impôt sur les liqueurs, de la façon
suivante : (Voir rapport du gouverneur à l'assemblée de 1896, page 39).

« *Document H-9.*

» Décret numéro 289 de 1895 (12 juillet), par lequel est remplacée
» une disposition grevant les liqueurs de provenance étrangère.

» Le gouverneur du département, considérant :

» Que le Tribunal supérieur de ce district judiciaire a suspendu,
» par jugement du 25 juin dernier, le chapitre Ier de l'ordonnance n° 29
» de 1894, grevant l'introduction des liqueurs étrangères;

» Que l'article unique de la loi 41 de l'année dernière permet
» que, en matière d'impôt, il dicte des dispositions législatives et exé-
» cutives spéciales pour le département de Panama ; et

» Que le Gouvernement (de Bogota) a concédé, par câble, l'auto-

» risation nécessaire pour établir un impôt sur les liqueurs de pro-
» venance étrangère,

DÉCRÈTE : »

*(Suit le texte établissant l'impôt.)*

Le gouverneur est donc en situation d'imposer l'eau obligataire.
Il suffit qu'il crée un impôt à ce sujet et qu'il nous autorise à percevoir cet impôt. Il ne doit pas s'arrêter à l'opposition actuelle. Elle est
de règle, non seulement à Panama mais partout. A Paris, à Bruxelles,
etc., il a fallu de longues années pour vaincre l'opposition, nés d'intérêts divers, hormis celui de la Ville. Ces intérêts particuliers, si
intéressants qu'ils soient, ne peuvent pas mettre obstacle à la réalisation d'une œuvre d'utilité générale et même, pour Panama, de
salut public. Partout, on a passé outre et on s'en est bien trouvé.
Avant la signature du contrat, on n'en voit que les inconvénients
(réels ou imaginaires). Lorsque le public se trouvera en présence
d'un fait accompli, l'opposition disparaîtra et ceux-là qui sont aujour-
d'hui les adversaires du projet seront les premiers à féliciter le gouverneur d'avoir enfin accompli l'œuvre poursuivie depuis si longtemps.

Panama, le 24 décembre 1896.

*(Signé)* E. LEBON.

Après avoir pris connaissance de cette note, le gouverneur m'a fait
dire qu'il avait l'espoir d'aboutir. Il avait convoqué, pour le 27 décembre, une Commission de vingt membres dont faisaient partie les
notables de la ville et notamment les adversaires du projet. La Commission serait appelée à voter sur les principaux articles du contrat,
et le gouverneur se rallierait à l'opinion de la majorité.

M. Lewis, le chef de la maison Ehrmann, qui s'était réservé
d'intervenir au moment décisif, m'a montré le discours écrit qu'il
avait préparé en vue de cette réunion. C'était une charge à fond contre
les adversaires du projet et un plaidoyer très habile en faveur de nos
propositions. Il demandait que les différents points en discussion fus-
sent l'objet d'un vote par appel nominal, afin que, dans le cas où
le gouverneur se verrait obligé de renoncer à ses projets, chacun
porte devant le pays la responsabilité du mal qu'it aurait causé.

13

Mon avocat, Pablo Arosemen, a également pris la parole. Ils ont eu finalement gain de cause. Les différents articles du contrat ont été approuvés à une forte majorité. Le principe de *l'eau obligatoire*, notamment, a été voté par 18 voix sur 20.

Aussitôt après la séance, M. Lewis est venu m'annoncer que nous l'emportions. Le gouverneur était ravi de ce vote qui mettait sa responsabilité à couvert, d'autant plus que la Commission comprenait non seulement des ennemis déclarés du projet, mais encore les principaux adversaires politiques du gouverneur.

Celui-ci allait immédiatement promulguer un décret créant *l'impôt de l'eau.*

Ce décret a été signé le 31 décembre. Il n'y avait plus un instant à perdre avans mon départ, irrévocablement fixé au 2 janvier. J'avais écrit le contrat moi-même, en espagnol, ne voulant pas, puisque je devais signer ce contrat dans une langue étrangère, laisser à d'autres le soin de l'écrire.

Le 1er janvier, au moment où je m'attendais à signer, M. Sosa m'annonce que décidément le gouverneur ne se reconnaît pas le droit de nous accorder la préférence pour les égouts, puisque la loi oblige à mettre les travaux en adjudication. C'est le seul point qui empêche la signature du contrat et M. Sosa m'engage vivement à ne pas insister attendu que, somme toute, personne ne pourra nous faire concurrence et qu'il est bien certain qu'en fait, nous aurons les égouts.

Cela se passait à la banque, en présence de MM. Ehrmann, Lewis, Pablo Arosemen, etc.

A ce moment, j'étais très affaibli par le climat, et les dernières émotions éprouvées m'avaient mis dans un état de surexcitation tel que je n'ai pas pu me contenir. Jetant le contrat sur la table, je dis à M. Sosa: « Je suis à bout de patience; j'espère encore que le » gouverneur ne m'obligera pas à télégraphier qu'après m'avoir donné » sa parole il me la retire. Dans tous les cas, voici le contrat auquel » je ne changerai rien. Faites-en ce que vous voudrez, je ne m'en » occupe plus. Je quitterai Panama demain à 2 heures. Si le contrat » est signé c'est parfait, sinon vous pouvez faire votre deuil de la dis- » tribution d'eau. »

J'étais à peine rentré à l'hôtel que M. Sosa me faisait appeler de la part du frère du gouverneur. J'avais eu le temps de me calmer, et je répétai posément, mais aussi catégoriquement, que je partirais le lendemain avec ou sans contrat.

Il fut décidé aussitôt que nous nous réunirions le jour même chez M. Sosa avec mon avocat et l'avocat du gouverneur pour reviser entièrement mon texte, qui était une traduction mot à mot du français en espagnol et qui demandait à être corrigé. J'ai reconnu que c'était nécessaire, lorsque mon avocat et M. Sosa m'ont fait voir que cette traduction mot à mot avait souvent l'inconvénient de ne pas dire clairement ce que je voulais exprimer.

Nous avons passé l'après-midi et une partie de la nuit du jour de l'an à reviser le texte. Dès qu'une feuille était prête, on la remettait à deux copistes que le gouverneur avait mis à ma disposition.

Le 2 janvier, à 8 heures du matin, nous étions tous réunis chez le gouverneur, attendant que les copistes eussent fini leur travail. A 11 heures, il était enfin donné lecture du décret créant *l'impôt sur l'eau*, du contrat de concession pour la distribution d'eau, puis du contrat spécial relatif aux égouts.

Pendant que mon compagnon achevait les préparatifs de départ. je prenais congé des autorités, je faisais légaliser tous mes documents par le consul de Belgique, et à 2 heures et demie de l'après-midi, nous quittions Panama, emportant les contrats que j'avais dû enlever, littéralement, à la baïonnette.

### Tarif.

Le tarif que j'ai obtenu est beaucoup plus favorable que celui qui avait été accepté par M. Hirché.

En effet :

**1.** En ce qui concerne le *robinet de palier*, l'abonnement mensuel obligatoire est porté de $ 1,85 à $ 2,25, ce qui représente une augmentation de 21 3/4 0/0.

**2.** L'augmentation est plus forte en ce qui concerne l'abonnement au *robinet libre*.

Supposons une famille composée de six personnes, dont un enfant au-dessous de sept ans, avec un domestique logeant dans la maison.

L'abonnement mensuel obligatoire *au robinet libre* s'établit comme suit :

| | TARIF HIRCHÉ | | MON TARIF | |
|---|---|---|---|---|
| | TAXE PAR PERSONNE | TOTAL DE LA TAXE | TAXE PAR PERSONNE | TOTAL DE LA TAXE |
| Le chef de famille. . . . . | $ 1,20 | $ 1,20 | $ 1,50 | $ 1,50 |
| Quatre personnes . . . . . | 0,25 | 1,00 | 0,35 | 1,40 |
| Un enfant au-dessous de sept ans . . . . . . . . | » | » | » | » |
| Un domestique . . . . . . | 0,125 | 0,125 | 0,175 | 0,175 |
| TOTAL DE L'ABONNEMENT MENSUEL OBLIGATOIRE. | » | $ 2,325 | » | $ 3,075 |

L'abonnement mensuel obligatoire de cette famille est donc majoré de $ 0,75 représentant une augmentation de 32 1/3 0/0.

**3.** Pour l'abonnement obligatoire *au compteur*, le tarif est majoré de 25 0/0 ; mais j'ai dû consentir au paiement de la demi-taxe pour les enfants au-dessous de sept ans et les domestiques, ce qui avait été imposé également à M. Hirché. De sorte que si nous prenons une famille composée comme ci-dessus, l'abonnement s'établira comme suit :

| | TARIF HIRCHÉ | | MON TARIF | |
|---|---|---|---|---|
| | TAXE PAR PERSONNE | TOTAL DE LA TAXE | TAXE PAR PERSONNE | TOTAL DE LA TAXE |
| Le chef de famille. . . . . | $ 0,60 | $ 0,60 | $ 0,75 | $ 0,75 |
| Quatre personnes . . . . . | 0,60 | 2,40 | 0,75 | 3,00 |
| Un enfant au-dessous de sept ans . . . . . . . | 0,30 | 0,30 | 0,375 | 0,375 |
| Un domestique . . . . . . | 0,30 | 0,30 | 0,375 | 0,375 |
| TOTAL DE L'ABONNEMENT MENSUEL OBLIGATOIRE. | » | $ 3,60 | » | $ 4,50 |

L'abonnement mensuel obligatoire de cette famille est donc majoré de $ 0,90, représentant une augmentation de 25 0/0.

J'ai obtenu toutes les modifications demandées par M. Cossoux, à très peu de chose près. En outre, j'ai fait admettre la reconnaissance immédiate de la Société à constituer, ce qui nous fera gagner trois mois. Nous avons jusqu'au 1er avril pour accepter définitivement la concession et j'ai pu éviter l'obligation de déposer immédiatement le cautionnement.

L'abonnement au service des eaux est devenu un impôt établi proportionnellement à la fortune présumée de chacun et nous avons obtenu tous les droits et privilèges du fisc.

L'eau gratuite est supprimée pour les troupes de la garnison, ce qui nous donne six cents consommateurs payants, en plus.

Lorsque M. Hirché nous a remis le texte du contrat qu'il nous a dit être admis par le Gouvernement, il nous a exposé les choses sous un jour beaucoup plus favorable qu'elles ne le comportaient. J'ai pu constater, par la correspondance échangée entre le Gouvernement et lui, qu'il avait pris ses désirs pour la réalité.

1° On ne lui a jamais accordé le bénéfice des lois coercitives dont il a fait mention à l'artiple 17 de son projet de contrat (décrets nos 78 et 103 de 1886).

2° On lui a refusé de fixer la valeur de la piastre argent qu'il a taxée à 2 fr. 40 c. dans son contrat.

3° Le Gouvernement a stipulé que pour l'abonnement au compteur, les enfants au-dessous de sept ans et les domestiques ne paieraient que demi-taxe.

M. Hirché s'était probablement dit qu'il serait seul à se présenter à l'adjudication et il a maintenu dans son contrat les points sur lesquels il n'était pas d'accord avec le Gouvernement. Il a peut-être été bien inspiré mais il eût dû nous présenter les choses sous leur vrai jour. Cela m'eût évité beaucoup d'ennuis au cours de mes négociations.

### Cours de la piastre.

Comme je l'ai dit, c'est abusivement que M. Hirché a inscrit dans le contrat qu'il nous a présenté, à son retour de Panama, comme ayant été accepté par le Gouvernement, la clause fixant la piastre argent à une valeur invariable de 2 fr. 40 c.

Ceci lui a été formellement refusé. La Société civile d'études ne l'avait pas davantage obtenu.

Cette question du change a fait l'objet de discussions pendant toute la durée de mes négociations.

J'ai essayé d'abord d'obtenir le paiement en *or*. J'ai une consultation écrite de mon avocat m'expliquant que cela est contraire à la loi, la monnaie d'or n'étant pas *légale* en Colombie. La seule monnaie est la piastre argent et il n'est pas permis de faire mention dans un contrat d'une monnaie étrangère. Par conséquent, il était impossible de dire que la piastre argent a une valeur invariable de 2 fr. 40 c. M. Hirché savait qu'en présentant cette rédaction nous demandions une chose *impossible*. Il eût dû nous en informer, cela eût permis à M. Cossoux d'étudier la question avant mon départ.

M. Sosa a beaucoup regretté de ne pas avoir pu nous signaler la chose à Bruxelles. Ce point a passé inaperçu parce qu'il a étudié avec nous les seuls articles auxquels nous demandions des modifications.

J'ai tourné la difficulté en disant que la valeur de la piastre argent est calculée à 108 0/0 (ce qui correspond exactement à 2 fr. 40 c.).

Seulement, en présence de l'opposition qu'on faisait à la signature du contrat, le Gouvernement n'a pas voulu imposer le change *fixe* aux abonnés et il a pris à sa charge la différence du change à concurrence d'une somme annuelle à nous payer éventuellement de 36.000 piastres (80.000 francs).

La garantie du Gouvernement en ce qui concerne le change, s'applique à la totalité de l'eau vendue, à l'exception de l'eau fournie aux Compagnies de navigation pour laquelle nous pourrons imposer le paiement en *or*.

En supposant une recette annuelle de *un million de francs* (sans compter l'eau vendue aux navires) la garantie annuelle de 36.000 piastres couvrirait un écart éventuel du change de 17 0/0, à partir du change de 108 0/0 fixé par le contrat, ce qui donnerait un change de 125 0/0.

En 1892, le change était à 70 0/0. Le gouvernement anglais a défendu l'entrée de l'argent aux Indes et la loi en vigueur aux États-

Unis, ordonnant l'achat hebdomadaire d'une certaine quantité de lingots d'argent a été rapportée. Il en est résulté une hausse rapide du change qui a fini par atteindre 138 0/0 en 1894, mais cela n'a été que momentané. L'équilibre s'est rétabli et depuis plus de deux ans, le cours moyen du change est 115 à 118 0/0. La garantie du Gouvernement laisse donc une marge sérieuse. D'autre part, il y a lieu de tenir compte de l'augmentation importante du tarif que j'ai obtenue.

Si nous prenons par exemple le cas de l'abonnement à robinet libre cité page 100, nous constatons que cet abonnement, avec le tarif Hirché et la piastre valant 2 fr. 40 c., donne un produit mensuel de 5 fr. 58 c. Avec mon tarif, au change fixe de 108 0/0 il donne 7 fr. 38 c. au lieu de 5 fr. 58 c. Il faudrait que la valeur de la piastre tombe à 1 fr. 80 c. pour que, avec mon tarif, le produit de cet abonnement fût ramené au chiffre qu'eût donné le tarif de M. Hirché, c'est-à-dire 5 fr. 58 c. Et dans ce cas, nous serions encore couverts à concurrence de 36.000 piastres, par la garantie du Gouvernement qui compenserait encore un écart de 15 centimes par piastre. Celle-ci pourrait donc descendre à 1 fr. 65 c.

Or, dans les plus fortes crises, la valeur de la piastre n'est *jamais* descendue au-dessous de 2 fr. 10 c.

La piastre argent colombienne contient 66 grains 50 d'argent fin. Sa valeur est réglée par le cours de l'argent. Lorsque le cours de l'argent est, par exemple, 68 1/2 à New-York, la piastre vaut :

$$66,50 \times 67\ 1/2 = 44,88 \text{ } \textit{centavos or}, \text{ soit 2 fr. 25 c.}$$

Pour trouver le change auquel correspondent ces 44 c. 88, on commence par déduire cette somme de 100 centavos, il reste 52 c. 12 qu'on divise par 44 c. 88 (prix de l'argent fin contenu dans la piastre) et le résultat $\dfrac{100 - 44,88}{44,88} = 122,81$ 0/0 change à New-York, qui correspond au change de 116,81 0/0 sur Paris.

Le change de 108 0/0 correspond pour la piastre à 48 centavos *or*, soit 2 fr. 40 c.

En résumé, on a fini par m'accorder *absolument tout* ce que le Gouvernement avait déclaré inacceptable dans sa lettre du 3 décembre m'annonçant le rejet de ma soumission, ainsi qu'au cours de mes négociations et j'ai obtenu en plus un délai de trois mois pour accepter définitivement la concession et déposer le cautionnement, tandis que le Gouvernement est lié envers nous dès à présent.

Ce n'est pas sans peine que j'ai obtenu de pouvoir appliquer les lois coercitives. Mon avocat lui-même prétendait que je demandais une chose impossible. Voici la lettre qu'il m'a écrite à ce sujet :

Panama, le 4 décembre 1896.

MONSIEUR E. LEBON,

J'ai résolu, dans les termes suivants, les deux questions que vous avez bien voulu me soumettre aujourd'hui.

1° Dans le cas où vous contracteriez avec le Gouvernement du Département pour la construction et l'exploitation de l'acqueduc projeté, la personne ou les personnes au nom de qui vous opérez devront recouvrer ce qui leur sera dû pour la fourniture de l'eau, comme le font les particuliers, conformément au Code judiciaire en vigueur.

Le Gouvernement ne peut pas accorder aux concessionnaires, la *juridiction coercitive*, c'est-à-dire le droit de procéder eux-mêmes contre les débiteurs, *sans l'intervention de l'autorité judiciaire*. La juridiction coercitive est accordée par la loi *seulement aux receveurs officiels des contributions publiques* . . . . . . . . . . . . . . . . . . . . . . .
. . . . . . . . . . . . . . . . . . . . . . . .

*(Signé)*  PABLO AROSEMEN,<br>Avocat.

---

En fin de compte, le contrat nous accorde **tous les droits et privilèges du fisc.**

# V

## CONTRAT DE CONCESSION

### ET SES ANNEXES

# CONTRAT DE CONCESSION

## ET SES ANNEXES

---

## A

## PROCURATION

### Reçue de M. Bélisaire Marinovitch.

---

M. Marinovitch m'a donné pouvoirs de le représenter à la signature du contrat de concession.

La procuration, passée en l'étude du notaire Emile Vaes, à Bruxelles, le 28 octobre 1896, a été notariée à Panama, en l'étude de Mᶜ Francisco Marquez, notaire nᵒ 1, le 27 novembre 1896, et enregistrée.

Je joins à ce rapport l'expédition enregistrée et légalisée par le consul de Belgique à Panama.

# B

Je joins également à ce rapport :

1° Le numéro 953 de la *Gazette de Panama*, journal officiel du Gouvernement, publiant, le 7 juillet 1896, l'ordonnance n° 2 du 12 juin 1896, rendue par l'Assemblée départementale et qui dit :

« L'Assemblée confère au gouverneur du département de Panama les pouvoirs les plus étendus pour contracter au sujet de l'œuvre de l'aqueduc (article 1ᵉʳ).

» Les contrats que le gouverneur passera en vertu des pouvoirs que lui confère l'Assemblée par la présente ordonnance, n'auront besoin d'aucune ratification ultérieure (article 2). »

2° Le numéro 958 de la *Gazette de Panama*, publiant, le 16 juillet 1896, l'ordonnance n° 38 du 13 juillet 1896, rendue par l'Assemblée départementale, confirmant l'ordonnance précédente et ajoutant que la durée de la concession ne pourra pas dépasser soixante-quinze ans.

# C

A ce rapport est joint le numéro du *Diario Oficial* de Bogota publiant le décret du Congrès autorisant le gouverneur à créer des impôts pour le département de Panama.

---

## RÉPUBLIQUE DE COLOMBIE

### DIARO OFICIAL

*Bogota. Mercredi 21 Novembre 1896.*

Numéro 9634.

Loi 41 de 1894 (6 novembre).

qui réforme l'article 201 de la Constitution et le paragraphe 4° de l'article 76.

Le Congrès de Colombie décrète :

ARTICLE UNIQUE. — Il est dérogé à l'article 201 de la Constitution et au paragraphe 4 de l'article 76. En conséquence, le département de Panama sera régi par la législation générale de la République.

En matière d'impôt, il pourra être pris des dispositions législatives et exécutives spéciales pour le département de Panama.

Donné à Bogota le 3 septembre 1892.

Qu'il soit publié et soumis à la législature prochaine.

Approuvé et donné à Bogota le 3 novembre 1894.

# D

## DÉCRET

**N° 558 du 31 décembre 1896, établissant l'impôt de l'eau.**

---

Le gouverneur du département de Panama, usant de ses prérogatives,

DÉCRÈTE :

ARTICLE PREMIER. — Il est établi dans la ville de Panama et ses faubourgs un impôt qui s'appellera *impôt de l'eau*, et qui commencera à être recouvré quand l'aqueduc destiné à approvisionner d'eau potable la ville de Panama et ses foubourgs, le faubourg de la Boca y compris, sera construit et en service courant.

ART. 2. — L'impôt dont il est fait mention, grève les locataires ou les propriétaires des édifices qui existent dans la région désignée, dans les conditions suivantes :

*a)* Pour chaque *robinet de palier* deux piastres et vingt-cinq sous ($ 2,25).

*b)* Pour un *robinet libre* à l'usage d'une seule personne, une piastre et cinquante sous ($ 1,50).

*c)* Pour un *robinet libre* à l'usage de plus d'une personne, comme suit :

·Pour la première personne, il sera payé une piastre et cinquante sous ($ 1,50).

Pour chaque autre personne en plus, il sera payé trente-cinq sous ($ 0,35).

*d)* Seront exemptes de l'impôt de l'eau les maisons dont le loyer n'arrivera pas à couvrir la somme de cinquante piastres ($ 50) par an, ainsi que les maisons, bureaux, magasins, boutiques ou dépôts où personne ne dort, quel que soit l'usage auquel l'édifice est destiné.

*e)* Les appartements, magasins, bureaux et boutiques situés à un même étage et dont les loyers pris séparément ne montent pas à cent vingt piastres par an ($ 120), auront droit à un *robinet de palier* auquel tous les locataires du même étage se pourvoiront d'eau.

Ladite prise d'eau devra donner jusque deux cents litres (200) par personne et par jour, et devra avoir un diamètre et une pression suffisants pour que les particuliers puissent prendre l'eau en quantité suffisante et au moment où ils en auront besoin, sans être obligés de l'emmagasiner à l'avance en dépôt.

*f)* Les appartements, magasins, bureaux et boutiques dont les loyers, pris chacun à part, sont compris entre cent vingt et deux cent cinquante piastres ($ 120 et $ 250) par an, seront obligés de prendre une prise d'eau qui s'appellera *robinet libre*, et qui devra donner une quantité d'eau égale à deux cents (200) litres par personne et par jour.

Ladite quantité d'eau sera fournie dans les mêmes conditions que celles indiquées dans la partie finale de la lettre *e* de ce même article.

Le robinet libre ne sera pas donné aux appartements, magasins, bureaux et boutiques dans lesquels s'exerce un commerce ou une industrie quelconque pour laquelle l'usage de l'eau est nécessaire.

L'eau consommée au moyen de cette espèce de robinet (robinet libre) sera payée par les locataires et non par les propriétaires des immeubles.

*g)* Dans les appartements, magasins, bureaux et boutiques dont les loyers, pris un par un, sont supérieurs à deux cent cinquante piastres ($ 250) par an, l'eau consommée sera mesurée au moyen d'appareils compteurs, et les personnes qui vivent dans ces appartements ou chambres seront obligés de payer pour une consommation d'eau que leur fournira l'entreprise égale à cinquante litres par personne et par jour, au prix de cinquante sous ($ 0,50) le mètre cube.

Les domestiques ou employés qui ne dorment pas dans les maisons où ils sont employés ne seront pas comptés au nombre des consommateurs desdites maisons. Les locataires et non les propriétaires seront responsables du paiement de l'impôt établi par le présent paragraphe.

Il reste entendu que les appartements, magasins, bureaux et boutiques dans lesquels il ne dort personne sont exempts de l'impôt de l'eau auquel se réfèrent les lettres *f* et *g* de cet article.

*h)* Relativement aux appartements, magasins ou boutiques dont le loyer ne pourra pas être fixé avec précision il sera pris comme base, pour déterminer proportionnellement ledit loyer, huit pour cent (8 0/0) de la valeur attribuée à l'immeuble au cadastre établi pour la taxe sur les immeubles et correspondant à la présente année. Pour les maisons qui seront construites depuis lors, l'estimation du loyer ou de la rente qu'elles produiront se fera par comparaison avec celles qui figurent au cadastre de la présente année, à raison de huit pour cent (8 0/0) de la valeur de celles auxquelles on peut les comparer.

Art. 3. — Le Gouverneur du département pourra céder le droit de percevoir l'impôt qui est établi par le présent décret, à la personne ou à la Compagnie qui construira, en vertu d'un contrat passé avec le Gouvernement, l'œuvre de la distribution d'eau prévue en l'article 1.

Art. 4. — Ce décret sera soumis à l'approbation du pouvoir exécutif national.

Qu'il soit communiqué et publié.

Donné à Panama le 31 décembre 1896.

*(Signé)* Ricardo Arango

*El oficial mayor, chargé du secrétariat de Hacienda,*
*(Signé)* Acasio Sanchez

Copié à Panama le 2 janvier 1897.

*El oficial mayor, chargé du secrétariat de Hacienda*
*(Signé)* Acasio Sanchez.

Vu pour la légalisation de la signature de M. Acasio Sanchez, oficial mayor chargé du secrétariat de Hacienda.

A Panama le 2 janvier 1897.

*Le Consul de Belgique à Panama*
*(Signé)* Marcus Ascoli.

# E

## LOIS COERCITIVES

En cas de non-paiement de l'eau fournie, le contrat donne aux concessionnaires tous les droits et privilèges du fisc.

Celui-ci jouit du privilège des lois coercitives qui lui permettent de procéder lui-même contre les débiteurs sans l'intervention de l'autorité judiciaire.

Les droits du fisc sont établis par les deux décrets suivants que je joins à ce rapport :

A. — Décret n° 78 du 5 mai 1886 et

B. — Décret n° 103 du 14 juin 1886.

Ces deux décrets confirment le décret n° 147, du 12 août 1882, sur l'administration des finances de l'ancien État de Panama, donnant aux agents du fisc le droit de procéder directement contre les débiteurs sans l'intervention de l'autorilé judiciaire.

# F

## CONTRAT ET PRIVILÈGE

**pour la construction et l'exploitation d'une distribution d'eau
publique dans la ville de Panama.**

Entre les soussignés :

Don Ricardo Arango, en sa qualité de gouverneur du département
de Panama (République de Colombie),

d'une part,

Et le sieur Émile Lebon, ingénieur honoraire des mines, résidant
à Ixelles (Belgique), rue Goffart, n° 47, agissant en son propre nom
et comme mandataire du sieur Bélisaire Marinovitch, ingénieur des
Arts et Manufactures, résidant à Paris (France), rue Spontini, n° 1, en
vertu des pouvoirs qui lui ont été conférés par acte public, en l'étude
du notaire Émile Vaes, à Bruxelles (Belgique), le 28 octobre 1896,

d'autre part,

Il a été convenu ce qui suit :

ARTICLE PREMIER. — Les sieurs Emile Lebon et Bélisaire Marinovitch s'engagent à construire dans la ville de Panama et ses faubourgs,
y compris la Boca, un service de distribution d'eau qui satisfasse
pleinement aux nécessités de la ville, de ses faubourgs et du port.

ART. 2. — Les concessionnaires s'engagent à présenter à l'approbation du Gouvernement, dans un délai de six mois (1) comptés

---

(1) C'est-à-dire le 1er octobre 1897.

du jour où le présent contrat sera passé en écriture publique suivant les prescriptions de l'article 31, les plans et documents suivants, relatifs à l'œuvre de la distribution d'eau :

**1.** Rapport descriptif du projet.

**2.** Plans et profils détaillés du barrage et de la prise d'eau.

**3.** Profil longitudinal de la conduite maîtresse, entre la prise d'eau et un réservoir de réception et de distribution situé sur les flancs du « mont Ancon ».

**4.** Profils transversaux des rivières que traversera la conduite maîtresse, avec l'indication des systèmes proposés pour les traversées.

**5.** Plans et profils détaillés du réservoir de réception et de distribution.

**6.** Plan coté de la ville et de ses faubourgs à l'échelle d'un millième, avec les indications précises au sujet des diamètres des conduites prévues et des pressions disponibles et au sujet des bouches d'arrosage ou d'incendie, robinets et autres accessoires du réseau des conduites de distribution dans la ville.

**7.** Spécification des travaux qui doivent s'exécuter et des matériaux qui doivent s'employer.

**8.** Devis général de l'œuvre.

**9.** Devis partiels des différents travaux d'art prévus.

**10.** Description des robinets, ventouses, bouches d'incendie, fontaines, etc., et des mécanismes qui pourront être employés dans la distribution d'eau à domicile.

Aʀᴛ. 3. — Les concessionnaires s'engagent aussi à présenter à l'approbation du Gouvernement, et dans un délai d'un an (2) compté du jour de la signature du contrat notarié prescrit par l'article 31, les plans détaillés du projet de clarification et filtration des eaux qu'ils se proposent d'exécuter et qui auront pour base les études à faire sur les eaux du rio « Juan Diaz » pendant la saison des pluies.

---

(2) C'est-à-dire le 1ᵉʳ avril 1894.

Ces plans seront acccompagnés d'une description circonstanciée desdites études et observations opportunes (3).

ART. 4. — L'œuvre de la distribution d'eau et par conséquent les plans mentionnés devront être conformes aux conditions générales qui suivent :

*a)* La source d'approvisionnement sera le bassin hydrographique de la rivière « Juan Diaz » depuis sa source jusqu'à la prise d'eau.

*b)* La conduite maîtresse aura un diamètre et une perte de charge tels qu'on puisse compter en toute sûreté, et même lorsque les tuyaux auront vieilli, sur une dépense d'eau qui ne soit pas inférieure à six millions (6) de litres par vingt-quatre heures.

*c)* Le lieu de la prise d'eau sera à une hauteur suffisante pour que, la conduite maîtresse remplissant les conditions énoncées au littéra *b* ci-dessus, le fond du réservoir de réception et de distribution que les concessionnaires doivent établir sur les flancs du mont « Ancon » se trouve pour le moins à quarante-cinq mètres au-dessus du niveau moyen de la mer, soit à une hauteur de trente-huit mètres (38) au-dessus de la place de la Cathédrale.

*d)* Le réseau des conduites de distribution dans la ville devra se calculer en prévision des cas d'incendie, et on prendra pour base de ces calculs un volume d'eau qui ne soit pas inférieur à six mille litres (6.000 l.) par minute, et une pression aux bouches d'incendie de 26 mètres de hauteur sur la place Sainte-Anne.

*e)* Les concessionnaires placeront, à leurs frais, des bouches d'arrosage et d'incendie en nombre suffisant pour qu'il ne soit pas nécessaire d'employer des tuyaux sur bobine de plus de cent mètres (100 m.) de longueur, en dirigeant sur un même point quatre tuyaux à la fois.

*f)* Il sera permis aux concessionnaires de commencer par construire un réservoir de réception et de distribution de deux mille

---

(3) Les ingénieurs du Gouvernement s'occupent de ces études et ils nous remettront tous les documents y relatifs.

mètres cubes (2.000 m.), *mais avec l'obligation d'augmenter cette capacité à quatre mille (4.000), mètres cubes* si les nécessités de la population l'exigent (4).

Art. 5. — Les matériaux de construction qui sont destinés à l'œuvre de la distribution d'eau seront de première qualité sous le rapport de la résistance et de la durée, et le Gouvernement se réserve le droit de les faire inspecter, à ses frais, dans l'Isthme ou dans l'endroit de leur fabrication, et de les refuser s'ils ne réunissent pas les conditions antérieures.

Art. 6. — Les concessionnaires s'engagent à accepter, dans un délai de quinze jours (15) les modifications que le Gouvernement jugerait nécessaire d'apporter aux plans présentés en exécution de l'article 2, pour que l'ouvrage s'exécute dans de bonnes conditions de stabilité et de durée, et satisfasse complètement aux nécessités de la ville, de ses faubourgs et du port. Dans le cas où le Gouvernement et les sieurs Emile Lebon et Bélisaire Marinovitch ne seraient pas d'accord sur les modifications qui devraient se faire, le point ou les points en litige seront soumis au jugement d'une Commission technique composée d'un ingénieur nommé par chacune des parties, qui en désigneront un troisième; en cas de difficultés pour la nomination du troisième, ladite nomination sera faite par le tribunal supérieur du district judiciaire de Panama en une personne d'une compétence reconnue. La résolution dictée par la Commission technique sera définitive et obligatoire pour les parties.

Une fois que les modifications exigées par le Gouvernement auront été acceptées par les concessionnaires ou lorsqu'elles auront été décidées par la Commission technique, les sieurs Émile Lebon et Bélisaire Marinovitch auront un délai d'un mois pour faire les changements nécessaires dans les plans et, ce délai commencera à courir du jour où les concessionnaires auront accepté les modifications, ou

---

(4) A la lecture du contrat, on n'a pas remarqué que les onze mots soulignés ont été omis par le copiste. Ils figurent dans le texte original et devront être rétablis lors de la signature du contrat notarié.

du jour où celles-ci auront été notifiées comme étant la décision de
la Commission technique.

ART. 7. — Les concessionnaires reprendront la suite des études
et des travaux actuellement en cours d'exécution pour compte du
Gouvernement, dans un délai de six mois (5), après la signature de
l'acte notarié prescrit par l'article 31, et devront achever complètement
l'ouvrage, y compris la distribution à domicile dans un délai de trente
mois (30 mois).

ART. 8. — Pendant les travaux et après que l'installation de la
distribution d'eau sera terminée, le Gouvernement se réserve le droit
de nommer des Commissions techniques, permanentes ou temporaires,
qui fonctionneront à ses frais, soit pour surveiller la construction de
l'ouvrage, soit pour examiner son état et rendre compte au Gouvernement, dans le premier cas, si les travaux s'exécutent d'accord avec
les plans qu'il a approuvés et, dans le second, si l'ouvrage se conserve
en état de sûreté et de bon usage.

Si la Commission faisait quelque objection que les concessionnaires ne considéreraient pas comme fondée, le point en contestation
se déciderait comme il a été exposé dans l'article 6, pour le cas de
désaccord dans l'acceptation des plans.

ART. 9. — Le Gouvernement se réserve aussi le droit de faire
examiner, à ses frais, l'eau de la distribution, toutes les fois qu'il le
jugera convenable, soit par une Commission spéciale, soit par la junta
départementale d'hygiène, pour juger si cette eau est dûment clarifiée
et possède les conditions qui constituent l'état normal des eaux du
« Juan Diaz », conditions que les concessionnaires s'engagent à maintenir en tout temps et dans tout le réseau des conduites. L'examen
en question se fera en présence d'experts nommés par les concessionnaires.

ART. 10. — Les concessionnaires s'engagent :

1º A établir dans la Ville, et aux endroits que le Gouvernement

---

(5) C'est-à-dire à la date du 1ᵉʳ octobre 1897.

désignera, quatre fontaines ornementales dont le modèle sera soumis à l'approbation du Gouvernement, sans que la valeur totale de celles-ci puisse dépasser douze mille piastres ($ 12.000) argent pour les quatre fontaines ;

2° A établir quatre bornes-fontaines où le public pourra se fournir d'eau gratis.

Le débit total des fontaines ornementales et des bornes-fontaines ne dépassera pas cent mètres cubes (100 m. c.) par vingt-quatre heures pour les huit (8) fontaines réunies.

3° A établir aussi les fontaines-compteurs privées qui seraient nécessaires pour la vente de l'eau aux personnes qui la demanderaient en ville et aux navires et embarcations à l'ancre dans le port.

Art. 11. — Les concessionnaires s'engagent également à fournir gratis l'eau nécessaire pour l'arrosage de la Ville, celle destinée au Palais du Gouvernement, à l'Hôtel de Ville, aux casernes de la police (6), aux établissements publics de bienfaisance, aux prisons situées dans la ville et aux collèges et écoles établis ou qui s'établiraient dans des immeubles appartenant au Gouvernement national, au département ou à la municipalité et soutenus par un des précédents.

La quantité d'eau maxima à fournir gratuitement par les concessionnaires pour la consommation faisant l'objet du présent article ne pourra jamais dépasser cent quatre-vingts mètres cubes (180 m. c.) par vingt-quatre heures (24 h.), c'est-à-dire que pendant toute la durée de la concession, la quantité d'eau à fournir gratuitement ne pourra dépasser cent quatre-vingts mètres cubes (180 m. c.) pour chaque jour de vingt-quatre heures (24 h.).

Art. 12. — Les concessionnaires s'engagent, en outre, à mettre à la disposition de l'autorité, en cas d'incendie toute l'eau des réservoirs et des conduites, sans avoir droit pour cela à une rémunération quelconque. Par conséquent, les concessionnaires sont obligés de conserver, en tout temps, la quantité d'eau nécessaire pour les cas

---

(6) L'eau gratis aux troupes de la garnison est supprimée. — Cela nous donne 600 consommateurs payants en plus.

d'incendie, sans préjudice de la fourniture générale, et à établir et à maintenir dans la ville les bouches d'incendie que le Gouvernement jugerait nécessaires.

S'il est prouvé qu'au moment d'un incendie, le réseau des conduites de distribution dans la ville n'était pas en situation de fournir les six mille litres d'eau par minute prévus par l'alinéa *d* de l'article 4, et que ce manque d'eau ne résulte pas d'un cas de force majeure, les concessionnaires paieront une indemnité qui pourra monter à dix mille piastres ($ 10.000) argent au change de cent et huit pour cent (108 0/0) (7) selon la gravité des circonstances. Cette amende sera infligée par la première autorité politique de la ville.

Art. 13. — Les sieurs Emile Lebon et Bélisaire Marinovitch s'engagent à établir les conduites jusqu'à la porte des maisons seulement, et le coût de l'installation intérieure restera à la charge du propriétaire.

L'installation intérieure sera faite par les concessionnaires, du moment que le Gouvernement aura accepté le tarif qu'ils lui présenteront, en temps opportun, relativement au payement des frais correspondants à la distribution en question. Mais, si le Gouvernement repoussait le tarif présenté par les concessionnaires, et si ces derniers refusaient de faire les modifications que le gouvernement leur indiquerait, les propriétaires seraient alors libres de contracter, pour l'installation des conduites dans l'intérieur de leur maison, avec n'importe quelle personne; mais, dans aucun cas, il ne leur sera permis d'employer des ouvriers qui n'auraient pas les connaissances et la pratique nécessaire, et pour s'en assurer, le Gouvernement délivrera des patentes à ceux-là seuls qui auront démontré qu'ils ont la compétence nécessaire.

Les concessionnaires feront le recouvrement des dépenses relatives aux travaux qu'ils exécuteront dans la partie intérieure des maisons de la même manière que celle établie pour le recouvrement de la dépense d'eau.

---

(7) Le change de 108 0/0 correspond exactement à une valeur de 2 fr. 40 c. pour la piastre argent.

Art. 14. — Si l'eau venait à manquer dans la ville ou dans un de ses quartiers, pendant un temps supérieur à vingt-quatre heures (24 heures), et si les concessionnaires ne pouvaient prouver que la suspension du service est due à une cause de force majeure, ils paieront une indemnité qui leur sera imposée par la première autorité politique du district et qui pourra monter à deux cents piastres ($ 200) argent, au cours de cent et huit pour cent (108 0/0), par jour, pendant tout le temps que durerait l'interruption.

Art. 15. — Le Gouvernement cède aux concessionnaires le droit de recouvrer la contribution de l'eau établie par le décret n° 558 du 31 décembre dernier.

*a)* Seront exemptes du service obligatoire de l'eau les maisons dont les loyers n'arriveraient pas à cinquante piastres ($ 50) par an, ainsi que les appartements, bureaux, magasins, boutiques ou dépôts où personne ne dort, quel que soit l'usage auquel ils sont destinés.

*b)* Les appartements, magasins, bureaux ou boutiques situés à un même étage, et dont les loyers pris isolément ne montent pas à cent vingt piastres ($ 120) par an, auront droit à une prise d'eau, appelée *robinet de palier* à laquelle tous les habitants de l'étage se fourniront d'eau.

Cette prise d'eau devra donner jusque deux cents litres (200 litres) par personne et par jour, et devra avoir le diamètre et la pression nécessaires pour que les particuliers puissent prendre l'eau en quantité suffisante, et au moment où ils en auront besoin, sans être obligés de l'emmagasiner auparavant dans des dépôts.

*c)* Les appartements, magasins. bureaux ou boutiques dont les loyers, pris séparément, seront compris entre cent vingt et deux cent cinquante piastres ($ 120 et $ 250) par an, seront obligés de prendre une prise d'eau dite *robinet libre* qui devra donner une quantité d'eau égale à deux cents litres (200 litres) par personne et par jour. Cette quantité d'eau sera fournie dans les mêmes conditions que celles exprimées dans la partie finale du paragraphe *b* de cet article.

Le *robinet libre* ne sera pas accordé aux appartements, magasins, bureaux ou boutiques dans lesquels seront exercés un commerce ou une industrie quelconque pour lequel l'usage de l'eau serait nécessaire.

16

L'eau consommée au moyen de cette sorte de robinet (*robinet libre*) sera payée par les locataires et non par les propriétaires des maisons.

*d)* Dans les appartements, magasins, bureaux ou boutiques, dont les loyers, pris isolément, seraient supérieurs à deux cent cinquante piastres ($ 250) par an, l'eau consommée sera mesurée au moyen de compteurs, et les personnes qui vivent dans ces appartements ou chambres, seront obligées de payer pour une consommation d'eau que leur fournira l'entreprise, égale à cinquante litres (50 litres) par personne et par jour.

Les domestiques ou employés qui ne dorment pas dans les maisons où ils sont employés ne seront pas comptés dans le nombre des consommateurs de ces maisons. Les locataires et non les propriétaires seront responsables du payement établi par ce paragraphe.

Il reste entendu que les appartements, magasins, bureaux ou boutiques dans lesquels personne ne dort, sont exempts de l'usage obligatoire de l'eau auquel se réfèrent les paragraphes *c* et *d* de cet article.

*e)* Au sujet des appartements, magasins ou boutiques dont les loyers ne pourraient pas être fixés avec précision, on prendra comme base pour déterminer proportionnellement ledit loyer, huit pour cent (8 0/0) sur la valeur qui a été attribuée à l'édifice dans les feuilles du cadastre pour le recouvrement de l'impôt sur les immeubles correspondant à l'année 1896.

Pour les maisons qui seraient construites ensuite, l'estimation du loyer ou de la rente qu'ils produisent se fera par comparaison avec celles qui figurent audit cadastre de 1896, à raison de huit pour cent (8 0/0) de la valeur de celles auxquelles on peut les comparer (8).

Article 16. — Les concessionnaires auront le droit d'établir le tarif suivant pour le prix de l'eau qu'ils fourniront mensuellement aux habitants de la ville, de ses faubourgs et du port:

*a)* Pour chaque robinet de palier, deux piastres et vingt-cinq sous ($ 2,25).

---

(8) J'ai tenu à spécifier que la valeur des immeubles devant servir à déterminer l'obligation de s'abonner au Service des eaux est celle qui est renseignée au cadastre de 1896, afin d'empêcher que, dans l'avenir, on puisse nous enlever des abonnés en fixant pour les immeubles une valeur conventionnelle inférieure à celle qui leur est attribuée aujourd'hui.

*b)* Pour un robinet libre à l'usage d'une seule personne, une piastre et cinquante sous ($ 1,50).

*c)* Pour un robinet libre à l'usage de plus d'une personne comme suit :

Pour la première personne, il sera payé une piastre et cinquante sous ($ 1,50).

Pour chaque personne en plus on paiera trente-cinq sous ($ 0,35).

Les enfants de moins de sept ans (7) seront exempts de la taxe sur l'eau et pour les domestiques on ne recouvrera que la moitié de la taxe, les uns et les autres ayant droit à la quantité désignée pour chaque personne et pour chaque jour.

*d)* Pour les robinets supplémentaires qui seraient demandés pour les cabinets, bains, douches et autres usages, on paiera un prix conventionnel entre l'abonné et l'entreprise, mais il ne pourra pas être exigé, en aucun cas, plus d'une piastre pour chaque mètre cube d'eau.

*e)* Pour les abonnés au compteur, le prix des cinquante litres obligatoires (50 l.) par personne et par vingt-quatre heures (24 h.) pour l'usage domestique, sera de cinquante sous ($ 0,50) le mètre cube.

*f)* L'eau qu'on prendra en plus des susdits cinquante litres se paiera une piastre ($ 1,00) le mètre cube.

*g)* Il ne sera pas accordé d'abonnement au compteur inférieur à cent litres (100 l.) par vingt-quatre heures.

*h)* Dans le cas où la consommation n'atteindrait pas le chiffre résultant de la police d'abonnement, le prix *minimnm* fixé par cette police d'abonnement sera acquis au bénéfice de l'entreprise.

*i)* Pour les abonnements au compteur, les enfants de moins de sept ans (7) et les domestiques paieront seulement la moitié, mais ils auront droit à la même quantité que les autres.

*j)* Les prix établis dans le tarif auquel se rapporte cet article sont en monnaie d'argent du pays.

ARTICLE 17. — Il reste entendu, une fois pour toutes, que le prix de l'eau que vendront les concessionnaires à ceux qui n'auront pas

l'obligation de la prendre et de la payer, comme cela a été établi
dans les articles précédents, sera fixé d'un commun accord entre les
consommateurs et les concessionnaires, ce prix ne pouvant dépasser
une piastre ($ 1,00) pour chaque mètre cube.

Le maximum d'une piastre ($ 1,00) le mètre cube, fixé ci-dessus,
ne s'applique pas à la vente de l'eau aux Compagnies de navigation
étrangères, dont le coût sera fixé à l'amiable, et pour laquelle le Gouvernement n'impose pas une limite de prix.

Art. 18. — La remise des sommes qui seront payées mensuellement aux concessionnaires, en vertu du tarif établi comme il a été
dit plus haut, se fera de la façon suivante :

*a)* Les concessionnaires remettront au Gouvernement le bordereau
des reçus mensuels pour la totalité de l'eau vendue, excepté pour
l'eau fournie aux Compagnies étrangères de navigation.

*b)* Tenant compte de ce que le tarif établi par les articles 16 et 17
a été accordé aux concessionnaires en considérant le prix de l'argent
à cent et huit pour cent (108 0/0) (9), le Gouvernement fournira aux
concessionnaires sur les sommes que produira la consommation d'eau,
la différence qui résulterait entre la valeur de la piastre argent calculée
à cent et huit pour cent (108 0/0), et le change sur Paris pour les
traites à trois jours de vue. La somme que le Gouvernement aurait à
payer, dans ce cas, aux concessionnaires, ne pourra pas dépasser
trente-six mille piastres ($ 36.000) annuellement.

*c)* Lorsque la valeur de la piastre argent sera supérieure à celle
qui résulte du change de cent et huit pour cent (108 0/0) l'excédent
sera acquis au bénéfice des concessionnaires.

*d)* La garantie du Gouvernement, en ce qui concerne la différence
du change, s'applique à la totalité de l'eau vendue, excepté celle qui
sera fournie aux Compagnies étrangères de navigation.

Art. 19. — Les concessionnaires recouvreront par mensualités la
valeur de l'eau qu'ils fourniront et en cas de retard dans le paiement

---

(9) Ce qui correspond exactement à une valeur de 2 fr. 40 c. pour la piastre colombienne.

ils auront tous les droits et les privilèges du fisc (10), d'après les lois
en vigueur et les décrets n° 78 du 5 mai et 103 du 14 juin de 1886.

Art. 20. — Les concessionnaires s'engagent à maintenir la distribution d'eau et ses accessoires en parfait état de service pendant
tout le temps qu'ils jouiront des droits que leur accorde ce contrat et
à les remettre au Gouvernement en pareil état et pour qu'ils devien-
nent la propriété de celui-ci à la fin du terme, du privilège qui est
concédé aux sieurs Emile Lebon et Bélisaire Marinovitch par ce
contrat.

Art. 21. — Les concessionnaires ne pourront pas céder ce contrat à aucun gouvernement étranger, mais seulement à des particuliers où une Compagnie ou Société anonyme dont la direction sera
confiée aux concessionnaires et à M. N.-V.-Léon Cossoux, ingénieur
à Bruxelles (Belgique).

Le gouverneur du département de Panama déclare ratifier cette
cession dès à présent, de façon que, dès le jour de sa constitution, la
Société anonyme sera dûment reconnue et mise en possession de la
concession qui motive le présent contrat et sera ainsi substituée aux
sieurs Emile Lebon et Bélisaire Marinovitch dans tous leurs droits et
obligations.

Art. 22. — Les concessionnaires soumetteront à l'approbation du
Gouvernement, au moins un mois avant de livrer la distribution d'eau
au service public, le règlement qui devra régir tout ce qui concerne le
service des eaux et l'entretien des travaux exécutés.

Art. 23. — Si les concessionnaires avaient leur domicile hors de
Panama, ils devraient avoir dans cette ville un représentant dûment
autorisé et responsable de l'exécution de ce contrat en toutes ses
parties.

L'accomplissement d'un devoir ou d'une obligation de la part des
concessionnaires ne pourra se différer faute de pouvoirs ou d'instructions. Les concessionnaires et leurs représentants seront soumis, sans

---

(10) Lois coercitives permettant de saisir sans jugement.

aucune restriction, aux lois de la République pour tout ce qui concerne ce contrat; en conséquence, ils renoncent expressément à toute réclamation diplomatique à propos des difficultés qui pourraient survenir sur l'interprétation ou l'exécution du contrat, sauf en cas de déni de justice.

ART. 24. — Pour garantir la fidèle exécution des obligations que contractent les concessionnaires par le présent contrat, ils déposeront, à l'Administration générale de l'Hacienda du Département, comme cautionnement, une somme de trente mille piastres ($ 30.000) argent, en monnaie effective.

Ce cautionnement sera déposé au moment où ce contrat sera passé en écritures publiques, dans les termes de l'article 31.

ART. 25. — Ce cautionnement sera rendu aux concessionnaires quand ils auront introduit en ville des matériaux destinés à la distribution d'eau et dont le prix de fabrique soit égal au double de la somme qui constitue le cautionnement; mais, alors, aussi bien les matériaux de construction amenés dans l'Isthme par les concessionnaires que les travaux en cours d'exécution représenteront en valeur le cautionnement en argent pour répondre de la fidèle exécution du contrat.

ART. 26. — Le cautionnement en argent ou bien les matériaux existant dans l'Isthme et destinés à l'œuvre qui représenteraient ce cautionnement, deviendra de droit la propriété du Gouvernement dans le cas où, après que les formalités prescrites par la loi colombienne ayant été remplies, ce contrat serait déclaré caduc pour manque d'accomplissement de la part des concessionnaires de quelqu'une des obligations y stipulées et parmi lesquelles se trouve celle de continuer les études et les travaux actuellement en cours (art. 7) pour compte du Gouvernement, en un délai de six mois (6 mois) après la signature de l'acte notarié régularisant la concession, conformément aux stipulations de l'article 31.

Sera aussi une cause de caducité de ce contrat, le fait que les concessionnaires n'auraient pas, dans la ville de Panama, ou sur le parcours de la distribution d'eau, et dans un délai de trois mois après

le commencement des travaux (11), des matériaux destinés à l'entreprise
et qui représentent deux fois la valeur du cautionnement désigné
ci-dessus.

En outre, les concessionnaires devront avoir, à cette époque, dans
les usines où ils auront été fabriqués, une quantité de tuyaux de fonte
représentant une longueur de cinq kilomètres (12) (5 kilom.) de
conduites, afin que le Gouvernement puisse les faire examiner s'il le
juge convenable.

Sera également une cause de caducité de ce contrat le fait de ne
pas avoir exécuté, à la fin de la première année de travail, des travaux
pour une valeur de deux cent mille piastres ($ 200.000) argent au
moins. Le coût des matériaux amenés dans l'Isthme sera compris
dans la somme ci-dessus.

Art. 27. — Les concessionnaires s'engagent à rembourser au
Gouvernement la totalité des dépenses faites par celui-ci en études et
pour les travaux qui sont actuellement en cours d'exécution et pour
ceux qui s'exécuteront jusqu'au jour où ils reprendront la suite des
travaux, sans que cette somme puisse dépasser cent mille piastres
($ 100.000) argent.

Le Gouvernement remettra aux concessionnaires les pièces et
actes justificatifs de ces dépenses.

Ces dépenses seront remboursées comme suit : un quart au moment où les concessionnaires reprendront la suite des travaux, les
autres quarts de six en six mois.

En échange, le Gouvernement donnera aux concessionnaires copie
des profils et plans topographiques et les autres documents qu'il possède relativement à l'œuvre et leur cédera en même temps toutes les
installations et travaux existants.

Art. 28. — Le Gouverneur du département de Panama concède
aux sieurs Émile Lebon et Bélisaire Marinovitch le privilège exclusif,
pour une période de soixante-quinze années (75), pour exploiter l'en-

---

(11) C'est-à-dire le 1ᵉʳ janvier 1898.

(12) La distribution comporte un développement de 36 kilomètres de conduites.

treprise qui motive ce contrat, dans les termes prescrits par les articles 15, 16 et 17. Ce délai prendra cours le jour de la signature du contrat notarié prescrit par l'article 31.

ART. 29. — Le Gouverneur du département s'engage :

**1.** A ne pas permettre que pendant la durée de la concession, aucune personne ou Compagnie établisse un service d'eau, de quelque système qu'il soit, dans la ville de Panama, ses faubourgs et la Boca, et dans le bassin hydrographique du rio « Juan Diaz » et de ses tributaires, ainsi que dans les limites de la partie habitée de la banlieue de Panama qui seront fixées par décision du Gouvernement. *De même on ne permettra à personne d'établir un aqueduc ou une prise d'eau à l'aide de l'eau dudit Rio, en amont de la prise d'eau* (13).

**2.** A défendre, pendant toute la durée de la concession, tant dans la vallee principale que dans les vallées secondaires du bassin hydrographique du « Juan Diaz », l'installation d'établissements insalubres ou le déversement de matières qui pourraient contribuer à la contamination des eaux dudit bassin hydrographique. Les autorités politiques du district de Panama prendront en temps opportun les mesures nécessaires pour la stricte observation de ces dispositions.

**3.** Les réservoirs, citernes ou dépôts d'eau de pluie dans l'intérieur des maisons continueront à subsister, mais la vente de l'eau provenant de ces réservoirs ou citernes sera prohibée.

**4.** A déclarer l'œuvre d'utilité publique pour les effets légaux que cette déclaration pourrait avoir en faveur des concessionnaires.

**5.** A ne pas permettre que l'entreprise de la distribution d'eau ni ses travaux, matériaux ou meubles, destinés exclusivement au service de l'œuvre, soient grevés d'impôts ordinaires ou extraordinaires, de

---

(13) A la lecture du contrat, nous avons constaté que les copistes avaient ajouté, à la fin de l'article : « De même, on ne permettra à personne d'établir une distribution d'eau ou une prise d'eau quelconque » à l'aide de l'eau dudit Rio, en amont de la prise d'eau. »

Ces mots ne figurent pas dans le texte revisé par les avocats. Les copistes auront trouvé cela dans une note qui se sera glissée dans les feuilles qu'on leur a remises. Je l'ai fait remarquer et j'ai demandé qu'on les effaçât. M. Sosa ayant émis l'avis que c'était une défense de plus en notre faveur, et que ces mots n'enlevaient rien à la portée de ce qui précède, je n'ai pas insisté. Je crois qu'il faudra supprimer cela lors de la signature du contrat nótarié.

caractère départemental ou municipal. Les concessionnaires n'auront aucun droit de douane à payer au gouvernement sur les produits fabriqués ou non, ou sur les matériaux devant être employés dans les travaux ou par l'exploitation.

6. A remettre aux concessionnaires les terrains nécessaires pour l'ouvrage, en genéral, en dehors de la ville et sur les chemins publics, les faisant exproprier si cela était nécessaire, conformément aux lois. Le coût des expropriations qui seront faites par l'autorité judiciaire restera à la charge des soussignés.

Si ces expropriations ne se font pas en temps opportun et occasionnent à l'entreprise une perte de temps, elle donnera droit à une prorogation du délai de trente mois (30 m.), dans lequel doit se terminer l'œuvre, égale au temps perdu.

7. A accorder aux concessionnaires le libre usage des rues et voies publiques, sans autre restriction que celle de réparer les dégâts causés par la pose des conduites ou autres travaux relatifs à l'ouvrage.

Art. 30. — Toute difficulté qui surgirait entre le gouverneur du département et les concessionnaires sera réglée par un tribunal d'arbitres : chaque partie en nommant un et les deux parties en nommant un troisième pour départager les deux arbitres primitivement nommés. Dans le cas où les parties ne se mettraient pas d'accord pour la nomination du troisième arbitre, celui-ci sera nommé par le tribunal supérieur du district supérieur judiciaire.

Art. 31. — Le gouverneur du département de Panama accorde aux concessionnaires un délai de trois mois (3 m.) pour accepter définitivement le présent contrat de concession. A l'expiration de ce délai, c'est-à-dire le premier avril mil huit cent quatre-vingt-dix-sept (1er avril 1897) et en cas d'acceptation définitive de la part des sieurs Émile Lebon et Bélisaire Marénovitch, le présent contrat sera passé en écritures publiques et à cet effet les concessionnaires pourront nommer un mandataire qui signera le dit acte notarié en leur nom. Les concessionnaires auront à leur charge seulement les frais de notaire et de papier timbré et ne seront pas soumis au droit d'enregistrement. Le présent contrat ne produira ses effets qu'après approbation par le

17

pouvoir exécutif national du décret par lequel a été créé l'impôt de l'eau avec le tarif établi par les articles 15, 16 et 17 du présent contrat.

Fait à Panama, le deux janvier mil huit cent quatre-vingt-dix-sept, en double exemplaire, un pour chacune des parties.

*Le Gouverneur du département,*
*Signé :* RICARDO ARANGO.

*Les concessionnaires,*
*(Signé)* E. LEBON.

*L'oficial mayor*
*chargé du secrétariat de Hacienda,*
*(Signé)* ACASIO SANCHEZ.

Vu pour légalisation des signatures de M. Ricardo Arango, gouverneur du département de Panama, et de M. Acasio Sanchez, oficial mayor.

Panama, le 2 janvier 1897.

*Le Consul de Belgique à Panama,*
*(Signé)* MARCUS ASCOLI.

NOTA BENE. — Le contrat de concession contient deux incorrections que j'ai signalées plus haut. Cela s'explique par ce fait que le contrat n'a pu être signé qu'au moment de mon départ et que nous étions tous surmenés par le travail des dernières heures. Mais cela n'a aucune importance. Le texte original, revisé par les avocats, est aux mains du gouverneur et il est manifeste que les deux points signalés sont des erreurs de copie.

Cela sera rectifié au moment de la signature du contrat notarié. Mon avocat, Pablo Arosemen, a bien voulu accepter de nous représenter, M. Marinovitch et moi, à la signature du contrat qui sera notarié, à Panama, le 1er avril prochain. Il suffira, en lui envoyant les pouvoirs nécessaires (dont il m'a remis le texte) de lui signaler les deux rectifications à faire.

Art. 29, paragraphe 2. — M. Sosa m'a vivement conseillé de supprimer la défense de *défricher* que j'y avais inscrite. Il y a une partie du territoire du bassin hydrographique du « Juan Diaz » qui appartient à des particuliers. Ceux-ci n'y mettent jamais les pieds; c'est la forêt vierge. J'y ai passé trois jours et je puis affirmer que cès régions resteront encore pendant des siècles dans l'état où elles ont toujours été. On n'a jamais tenté de défricher et on n'y songera jamais parce que cela n'est pas réalisable. Cela coûterait des efforts énormes et un argent colossal, et pour produire quoi?

Pour nous donner satisfaction, il eût fallu nous autoriser à exproprier le bassin hydrographique. Cette mention dans le contrat, que le Gouvernement était tout disposé à insérer, eût pu donner l'éveil et faire naître la tentation d'essayer de nous faire chanter, tandis qu'en ne disant rien, il n'y a absolument rien à craindre au sujet de défrichements chimériques.

Art. 27. — D'après le contrat Hirché, la somme à payer au Gouvernement pour les études et les travaux faits par lui jusqu'au jour où les concessionnaires reprendront la suite des opérations, était fixée à 40.000 piastres.

Mais aux termes du même contrat, les concessionnaires devaient commencer les travaux le 1$^{er}$ janvier 1897.

J'ai obtenu jusqu'au 1$^{er}$ octobre 1897 pour prendre la place des ingénieurs du gouvernement.

Mais celui-ci, envisageant l'hypothèse où nous ne serions pas en situation d'exécuter les travaux, ne veut pas interrompre ce qu'il a commencé.

Le personnel employé à faire les études et les premières installations restera en fonctions et continuera ses opérations jusqu'au 1$^{er}$ octobre 1897 si nous ne sommes pas prêts à commencer les travaux plus tôt. Je me suis mis d'accord avec M. Sosa au sujet de ce qu'il convient de faire d'ici là.

Les études commencées depuis un an sur le régime du rio « Diaz », spécialement en vue de la filtration, seront poursuivies. Les ingénieurs du Gouvernement continueront à installer les ponts et les dérivations qui pourraient faciliter le travail. Ils étudieront le sous-sol aux passages des rios afin de nous permettre de décider de quelle façon se feront ces traversées.

L'emplacement du barrage étant fixé, M. Sosa va y approvisionner les matériaux nécessaires et notamment environ 500 mètres cubes de sable qu'il faut aller chercher à 8 kilomètres de là.

Il enlèvera environ 3.000 mètres cubes de roches sur la rive droite du rio afin de préparer la pose de la conduite d'amenée près du barrage.

M. Sosa a calculé qu'en travaillant aussi économiquement que possible, les dépenses faites par le Gouvernement, à la date du 1er octobre 1897 s'élèveront à environ 100.000 piastres.

C'est à cette somme que le contrat fixe le maximum de ce que nous aurons à rembourser sur états justificatifs.

Si nous ne donnons pas suite à nos projets, tout ce qui aura été fait sera utilisé par le Gouvernement, qui fera alors les travaux lui-même.

# VI

## CONTRAT POUR L'ENTREPRISE DES ÉGOUTS

# CONTRAT POUR L'ENTREPRISE DES ÉGOUTS

## EN LA VILLE DE PANAMA

Entre les soussignés :

Don Ricardo Arango, en sa qualité de Gouverneur du département de Panama (République de Colombie) d'une part, et

Le sieur Emile Lebon, ingénieur honoraire des mines, résidant à Ixelles (Belgique), rue Goffart, nº 47, en son propre nom et aussi comme mandataire du sieur Bélisaire Marinovitch, ingénieur des arts et manufactures, résidant à Paris (France), rue Spontini, nº 1, et en vertu des pouvoirs qui lui ont été conférés par écriture publique passée devant le notaire Emile Vaes, à Bruxelles (Belgique) le 28 octobre 1896, d'autre part,

Il a été convenu ce qui suit :

ARTICLE PREMIER. — Les sieurs Emile Lebon et Bélisaire Marinovitch s'engagent à présenter au Gouvernement du département, dans un délai de deux mois, à partir du jour où sera notarié le contrat de concession de la distribution d'eau de la ville de Panama, les plans et devis détaillés et complets d'un bon système d'égouts pour ladite ville.

ART. 2. — Dans le cas où le Gouvernement mettrait en adjudication publique la construction de cette œuvre des égouts, on tiendra compte des plans mentionnés ci-dessus et s'ils méritent l'approbation du Gouvernement, les sieurs Lebon et Marinovitch seront préférés, à conditions égales, aux autres soumissionnaires.

Fait en double exemplaire, à Panama, le 2 janvier mil huit cent quatre-vingt-dix-sept.

*Le Gouverneur du Département,*
*(Signé)*   RICARDO ARANGO.

*(Signé)*   E. LEBON.

*El oficial Mayor*
*chargé du Secrétariat de Hacienda,*
*(Signé)*   ACASIO SANCHEZ.

Vu pour la légalisation des signatures de M. Ricardo Arango, Gouverneur du département de Panama, et de M. Acasio Sanchez, oficial mayor.

A Panama, le 2 janvier 1897.

*Le Consul de Belgique à Panama,*
*(Signé)*   MARCUS ASCOLI.

# VII

## NOTE SUR PANAMA

---

### IMPORTANCE ET RESSOURCES DE LA VILLE

# NOTE SUR PANAMA

## IMPORTANCE ET RESSOURCES DE LA VILLE

### 1. — REPUBLIQUE DE COLOMBIE.

En 1886, le Congrès de Bogota vota une nouvelle Constitution, en vertu de laquelle les différents États libres de Colombie perdaient leur autonomie et devenaient des départements.

La République colombienne est divisée en départements subdivisés en provinces.

Les provinces sont, à leur tour, divisées en districts municipaux.

Toutes les lois sont faites par le Congrès qui se réunit, à Bogota, tous les deux ans, et elles sont approuvées par le Président de la République.

Le Président est assisté de sept ministres et d'un Conseil d'État. Aux anciens gouvernements militaires a succédé un gouvernement civil honnête.

Le Président actuel, qui suit les traditions de son prédécesseur, est très estimé et a une grande autorité. Les choses marchent à la satisfaction de tous. Le commerce, l'industrie et les arts font de rapides progrès.

### 2. — DÉPARTEMENT DE PANAMA.

Le département de Panama a une superficie de 17.568 milles carrés. On lui attribue une population d'environ 320.000 habitants, dont 25 à 30.000 pour la ville de Panama.

### 3. — GOUVERNEMENT.

Les hauts pouvoirs civils, ecclésiastiques et militaires ont leur siège à Panama.

L'évêché de Panama fut érigé en 1521.

### 4. — ADMINISTRATION POLITIQUE.

Au point de vue de l'administration politique, le département de Panama est divisé en six provinces administrées chacune par un préfet qui est sous les ordres immédiats du gouverneur.

Le gouvernement est centralisé à Panama. Il est soumis au Gouvernement de la République qui nomme le gouverneur du département et trois secrétaires : le premier pour l'administration, le deuxième pour les finances et le troisième pour l'instruction publique. Tous les deux ans, l'Assemblée départementale se réunit pour entendre les communications du gouverneur sur la marche des affaires et voter le budget.

### 5. — ADMINISTRATION MUNICIPALE.

Au point de vue de l'administration municipale, la ville, avec sa banlieue, est divisée en arrondissements qui sont : San-Félipe — Santa Ana — Calidonia — la Boca — îles de Naos — Pacora et Pueblo-Nuevo. — L'alcade municipal a son siège dans le premier de ces arrondissements, et les autres sont administrés par des inspecteurs de police.

Il y a un Conseil municipal, élu par le peuple, composé de onze membres effectifs et onze suppléants.

Cette assemblée est chargée, conjointement avec l'alcade, de l'administration de tout le district, et elle a dans ses attributions tout ce qui a rapport à l'hygiène et à la santé publique.

### 6. — JUSTICE.

La justice est rendue par un tribunal supérieur. Il y a, en outre, un juge supérieur qui connaît de certains délits, avec intervention du jury, et, enfin, des juges de districts, pour le civil et le criminel.

### 7. — ARMÉE.

Il y a, à Panama, un chef militaire avec le grade de général et un bataillon de ligne de 600 hommes.

### 8. — POLICE.

La police du département forme un corps de 350 hommes dont 150 affectés spécialement à la ville de Panama.

### 9. — POMPIERS.

La ville possède un corps de pompiers de 160 hommes munis de tous les engins nécessaires. L'eau seule fait défaut. Aussi les incendies ont-ils toujours des conséquences désastreuses.

### 10. — MONNAIE.

Il y a, environ, pour 31.000.000 de piastres de billets de banque en circulation dans la République de Colombie, par coupures de $ 0,10, 0,20, 0,50, 1, 5, 10, 20, 50, et 100 piastres, remboursables au porteur, en monnaie courante. Il y a pour environ 5 millions de piastres de monnaie de nickel, en pièces de $ 0,05 et $ 0,025. La monnaie d'argent est représentée par 2.600.000 piastres en argent à 0,835.

Cette monnaie ne circule que dans l'Isthme de Panama et dans la ville de Cucuta et les environs.

Il y a :  $ 1.500.000 dans l'Isthme  
          700.000 à Cucuta.  
Et        400.000 à Bogota (en réserve).

### 11. — ORIGINES DE PANAMA.

La ville de Panama a été fondée en 1518, à l'endroit que l'on nomme aujourd'hui Panama Viego. En 1670, à la suite de la destruction totale de la ville par les flibustiers, celle-ci fut transportée à l'endroit qu'elle occupe aujourd'hui.

Elle est la capitale de l'un des neuf départements de la République de Colombie.

## 12. — SITUATION.

Elle se trouve sur la baie du même nom de l'Océan Pacifique, par 5°17′16′ de longitude occidentale et 8°50′40′ de latitude nord. (Méridien de New-York.)

## 13. — CLIMAT ET ÉTAT SANITAIRE.

La température moyenne est de 27° centigrades. L'été dure depuis le 1ᵉʳ janvier jusque fin avril. Le veranito ou été de la Saint-Martin, en juillet et août, est souvent fort beau. Pendant ces périodes, il ne pleut pas.

Le climat de l'Isthme est généralement chaud, mais la chaleur est tempérée par les brises marines.

On a beaucoup exagéré son insalubrité. On ne court aucun danger à Panama, si l'on ne commet pas d'imprudences.

Il est probable que les importants travaux exécutés sur le parcours du canal interocéanique, en créant des courants nouveaux, sont pour quelque chose dans la grande amélioration constatée depuis quelques années.

D'autre part, les mesures intelligentes prises par la municipalité de Panama, au point de vue de l'hygiène, ont complètement modifié l'état sanitaire de la Ville.

La fièvre jaune a totalement disparu, alors qu'elle faisait tant de victimes il y a peu d'années encore,

A l'époque où mon compagnon de voyage habitait Panama, en 1889, on comptait jusqu'à 160 décès par mois, la plupart dus à la fièvre jaune, au seul hôpital de la Compagnie du canal.

Actuellement, sur 600 malades qui ont séjourné à l'hôpital pendant le mois de novembre dernier, on ne compte que 3 décès.

Il est vrai que la Compagnie du Canal occupait autrefois 15.000 ouvriers, tandis qu'elle n'en emploie plus que 3.000 aujourd'hui.

Il n'y a plus eu à Panama un seul cas de fièvre jaune contracté dans le pays, depuis quatre ou cinq ans.

## 14. — ASPECT DE LA VILLE

Toutes les personnes que j'interroge sont unanimes à me dire que Panama a subi une véritable transformation dans ces dernières années

En dépit d'un terrible incendie qui, en 1892, a détruit une partie de la Ville, celle-ci est beaucoup plus importante. On a réparé les dégâts causés par cet incendie et on continue à bâtir, de sorte que le cadastre de 1896 accuse un nombre de maisons sensiblement plus élevé que celui de 1889.

## 15. — PLACES PUBLIQUES

A cette époque, la place de la Cathédrale était un cloaque, non pavé, où l'on jetait les détritus de toute espèce et où les porcs pâturaient.

Aujourd'hui, c'est une fort belle place, encadrée de grands hôtels et dont le centre est occupé par un square très joliment aménagé et bien cultivé.

La municipalité a également transformé les places de Bolivar et Santa Ana qui sont aussi occupées par de beaux squares. La place du Triomphe est un vaste terrain réservé aux parades de la troupe et aux courses de taureaux.

Deux fois par semaine, la musique du régiment donne un concert sur l'une de ces places ou à la promenade de la Boveda qui entoure la ville du côté de la mer.

## 16. — EGLISES.

Panama compte sept églises :

La Cathédrale, Santo Domingo, San Francisco, San Felipe, San José, La Merced et Santa Ana. — La Cathédrale date de la fondation de la ville.

### 17. — PRINCIPAUX ÉDIFICES.

Les principaux édifices sont : le palais de l'évêque, la résidence du gouverneur, l'hôtel de la Compagnie du Canal, le Cabildo ou Conseil municipal et l'Agence postale nationale qui est considérée comme la mieux organisée du Centre et du Sud Amérique.

### 18. — MARCHÉ.

Il y a, près du port, un vaste marché couvert, contenant une centaine d'échoppes occupées par environ deux cents marchands. — On y vend des vêtements et des vivres de toute espèce : viande, poissons, légumes, etc. Une grande partie des échoppes sont occupées par des Chinois.

Le Colombien est très indolent et il préfère se passer d'une chose plutôt que de faire un effort pour l'obtenir. Avant l'arrivée des Chinois, il n'entrait jamais le moindre légume en ville et bien que celle-ci fût au bord de l'Océan, on n'y voyait pas de poisson. Les Chinois ont modifié cet état de choses. Ils ont organisé la pêche et la culture maraîchère de façon qu'aujourd'hui le poisson, les légumes et les fruits sont abondants.

Le marché se tient chaque jour depuis l'aube jusqu'à 10 heures du matin.

### 19. — THÉATRE.

Panama possède un théâtre qui fut, autrefois, inauguré par Sarah Bernhardt. Il peut contenir un millier de personnes. Il est alimenté par les troupes de passage dans l'Isthme, qui sont nombreuses. — Pendant mon séjour, il est passé à l'hôtel quatre troupes qui ont séjourné en ville de huit à quinze jours.

### 20. — HOTELS.

Les principaux hôtels de Panama sont :

1° Le Grand Central Hôtel ;

2° Le Grand Hôtel ;
3° Le Grand Hôtel Suisse ;
4° L'Hôtel de la Marine ;
5° L'Hôtel Français ;
6° L'Hôtel d'Italie ;
7° L'Hôtel Céleste (tenu par des Chinois) ;
8° L'Hôtel Angelini, près de la gare.

## 21. — VOIRIE.

Les rues sont propres et bien entretenues.

Chaque nuit, le service de la voirie fait enlever tous les détritus qui sont ensuite brûlés dans un four crématoire. Pendant la journée, on voit circuler des boute-feux qui brûlent sur place les menus déchets qui ont échappé au nettoyage de la nuit. Un inspecteur visite les maisons une fois par semaine pour s'assurer qu'on n'y conserve rien qui soit de nature à se corrompre.

## 22. — TRAMWAY.

La ville est traversée par un tramway à traction électrique qui va de la caserne à la gare.

Lorsque le port de la Boca sera achevé, la ligne sera prolongée jusque-là. Ce tramway a été installé par la maison Siemens.

Les machines sont chauffées au bois.

## 23. — ÉCLAIRAGE.

Toutes les rues et l'intérieur des maisons sont éclairés à l'électricité. Les particuliers paient 3 piastres par mois et par lampe. Le remplacement d'une lampe coûte $ 1,60.

Les machines sont également chauffées au bois.

## 24. — TÉLÉPHONE.

Le service des téléphones est également installé à Panama.

19

### 25. — VOITURES DE PLACE.

Il y a 55 voitures de place qui stationnent principalement place de la Cathédrale, place Sainte-Anne et à la gare.

Elles payent une redevance mensuelle de $ 6 par voiture.

### 26. — JOURNAUX.

La presse est représentée par trois journaux qui paraissent régulièrement :

1° La *Gazette de Panama*, organe officiel du Gouvernement ;

2° Le *Star and Herald*, quotidien, imprimé en français, en espagnol et en anglais (ces trois langues sont d'un usage courant à Panama);

3° L'*Isthmus*, qui paraît deux fois par semaine.

Il y a, en outre, deux autres feuilles qui paraissent d'une façon intermittente.

### 27. — INDUSTRIE ET COMMERCE.

L'industrie du département de Panama est l'élevage.

L'agriculture y est peu prospère.

Les principaux articles de commerce sont :

Les perles fines (pendant mon séjour, un négociant d'Anvers est venu en acheter pour 100.000 francs), la nacre, l'écaille de tortue, l'ivoire végétal, les bananes, les bois, le caoutchouc, les peaux, les plantes médicinales, etc.

Dans le règne minéral, on y trouve l'or, le cuivre, le fer, le manganèse, le sel et un peu de houille.

Parmi les végétaux, il y a quelques bois de teinture et des bois de construction et d'ébénisterie, de la résine, des fruits, etc.

On compte à Panama.

1° Une fabrique de glace qui paie à la ville une redevance annuelle de 50.000 francs ;

2° Une blanchisserie à vapeur qui fait 120.000 francs d'affaires annuellement, sans préjudice des nombreuses blanchisseries tenues par des Chinois.

3° Deux fabriques d'eaux gazeuses ;
4° Deux fabriques de chocolat ;
5° Une teinturerie ;
6° Une boulangerie à vapeur ;
7° Une fabrique de jambons ;
8° Des fabriques de cigares et cigarettes, etc., etc.

## 28. — PROFESSIONS DIVERSES.

Dans la liste des principales professions, je relève :

17 avocats.
17 médecins.
13 pharmaciens.
 2 notaires.
 5 tailleurs.
 5 libraires-papetiers.
 7 agences de bateaux à vapeur.
27 agences diverses (loterie, opium, cigares, câbles, postes, etc.)
 2 commissionnaires en marchandises.
 3 distillateurs.
14 barbiers.
 4 dentistes.
65 grands négociants (parmi lesquels « La Ville de Paris » fait 800.000 francs d'affaires annuellement. — Le « Bazar Français » fait plus d'un million de francs. — Brandon, Nicolau, chacun 600.000 fr. etc., etc.).
 2 photographes, etc., etc.

## 29. — CABLES

Panama communique télégraphiquement avec l'étranger au moyen de deux câbles :

Le West-India et le Central and South American.

## 30. — CORPS DIPLOMATIQUE

Il y a à Panama :

*Huit consuls généraux :* États-Unis ; Angleterre ; Guatémala ; Nicaragua ; Équateur ; République argentine ; Salvador ; Chili.

*Dix-sept consuls :* Allemagne ; Autriche ; Bolivie ; Costa-Rica ; Danemark ; Espagne ; Belgique ; France ; Grèce ; Honduras ; Italie ; Nicaragua ; Hollande ; Dominique ; Suède et Norvège ; Suisse ; Vénézuéla.

*Sept vice-consuls :* États-Unis ; Angleterre ; Brésil ; Espagne ; Honduras ; Pérou ; Salvador.

*Un chancelier :* France.

## 31. — POPULATION.

La population de Panama peut difficilement être exactement fixée. Jusqu'à ce jour, on n'a pas fait de recensement.

Les traités de géographie attribuent actuellement à la ville une population de 25.000 habitants.

Certains ouvrages disent 25 à 30.000.

La Société civile d'Études a basé, en 1889, son calcul de recettes sur une population de 25.000 habitants.

Le président du Conseil municipal que j'interrogeais à ce sujet, m'a affirmé qu'il y a, en effet, 25.000 habitants à Panama.

Le gouverneur m'a déclaré qu'il estime la population à plus de 22.000 habitants.

M. Sosa nous a dit la même chose à Bruxelles. Nous avons basé notre calcul de recettes sur ce chiffre de 25.000 habitants. Mais nous avons évalué très largement les exemptions à l'abonnement obligatoire (du reste ces exemptions ne sont qu'apparentes, puisque, la vente de l'eau étant absolument prohibée en dehors de nous, toute la population devra forcément s'abonner).

Étant donné aussi que l'eau gratuite a été supprimée à la garnison qui compte 600 hommes (ce qui nous donnera 600 consomma-

teurs payants en plus) ; que le port de la Boca a actuellement une
population d'environ 800 personnes qui subsistera et augmentera
certainement, après que les travaux en cours seront achevés ; considérant enfin que la mise en service de la distribution d'eau ne se fera
que dans trois ans et qu'il faut compter avec le développement con-
tinu de Panama, nous devons admettre que notre calcul de recettes
n'est pas exagéré.

D'autre part, cette recette a été calculée d'après le tarif Hirché,
inférieur de 20 à 30 0/0 à celui que j'ai obtenu. Il y a donc là une
marge suffisante, et au delà, pour compenser un mécompte sur le
chiffre réel de la population.

## 32. — ÉCOLES

La population des écoles de Panama, pour l'année 1895, se dé-
compose comme suit :

| VILLE DE PANAMA | NOMBRE D'ÉLÈVES | | | NOMBRE D'ÉCOLES | | | |
|---|---|---|---|---|---|---|---|
| | GARÇONS | FILLES | TOTAL | GARÇONS | FILLES | MIXTES | TOTAL |
| Quartier de Calidonia . | 76 | 82 | 158 | 1 | 1 | » | 2 |
| — de Santa Ana. | 217 | 154 | 371 | 1 | 1 | » | 2 |
| — de San Felipe· | 117 | 76 | 193 | 1 | 1 | » | 2 |
| — Pacora. . . . | 12 | 28 | 40 | » | » | 1 | 1 |
| Totaux. . | 422 | 340 | 762 | 3 | 3 | 1 | 7 |

## 33. — COMPAGNIES D'ASSURANCES

Les Compagnies d'assurances installées à Panama sont au nombre
de cinq. Elles font ensemble un chiffre d'affaires de 250.000 francs
par an.

Le taux moyen des assurances est de 3 0/0, à cause du danger d'incendie résultant du manque d'eau. Ce qui fait que le nombre des immeubles assurés est très restreint.

## 34. — LOTERIE

La loterie paie au Gouvernement une redevance annuelle de 110.000 francs. Elle encaisse chaque mois plus de 40.000 piastres, soit environ 100.000 francs. Elle donne en moyenne un dividende de 30 0/0 après paiement de la redevance et du montant des lots qui s'élève à 15.000 francs par semaine.

## 35. — PANAMA RAIL-ROAD

Panama est actuellement le trait d'union entre les côtes du Pacifique et celles de l'Europe et des États-Unis, par l'intermédiaire du « Panama Rail-Road » (chemin de fer de Colon à Panama).

## 36. — PORT DE PANAMA

A. — *Mouvement général du port.*

En 1896, il est entré 225 navires dans le port de Panama, se décomposant comme suit :

| NATIONALITÉ | NOMBRE DES NAVIRES | | | TONNAGE TOTAL DES MARCHANDISES |
|---|---|---|---|---|
| | VAPEUR | VOILES | TOTAL | |
| Anglais . . . . . . . . . . | 81 | 12 | 93 | 95.809 tonnes. |
| Américains . . . . . . . . | 68 | » | 68 | 110.077 — |
| Chiliens. . . . . . . . . . | 26 | » | 26 | 37.823 — |
| Allemands. . . . . . . . . | 1 | 3 | 4 | 3.880 — |
| Colombiens . . . . . . . . | » | 31 | 31 | 490 — |
| Divers . . . . . . . . . . | 3 | » | 3 | 5.143 — |
| Totaux. . . | 179 | 46 | 225 | 253.222 tonnes. |

B. — *Service régulier à vapeur.*

Les Compagnies de navigation à vapeur faisant un service régulier entre Panama et divers ports, sont au nombre de trois.

| NOMS des COMPAGNIES | LOCALITÉS DESSERVIES | DÉPARTS MENSUELS | PAR VOYAGE | | PAR MOIS | | PAR ANNÉE | |
|---|---|---|---|---|---|---|---|---|
| | | | TONNES | VOYAGEURS | TONNES | VOYAGEURS | TONNES | VOYAGEURS |
| Pacific Mail . . . . . | Centre-Amérique. Mexique. . . . . San Francisco . . | 5 | 1.800 | 160 | 9.000 | 800 | 108.000 | 9.600 |
| Pacific Steam Navigation. | Équateur . . . . Pérou. . . . . . Chili . . . . . . | | | | | | | |
| Compagnie Sud-Américaine. | Équateur . . . . Pérou. . . . . . Chili . . . . . . | 6 | 1.500 | 125 | 9.000 | 750 | 108.000 | 9.000 |
| Totaux. . . . . | | 11 | » | » | 18.000 | 1.550 | 216.000 | 18.600 |

Ces Compagnies de navigation font d'excellentes affaires, notamment la Compagnie Chilienne qui, depuis trois ans, met chaque année en service un nouveau bateau, et donne néanmoins 16 0/0 de dividende.

Les trois Compagnies réunies ont donc 11 départs par mois, avec un mouvement annuel de 216.000 tonnes de marchandises et 18.600 passagers.

## 37. — PORT DE COLON.

Le port de Colon est le point de départ de neuf lignes de bateaux à vapeur faisant un service régulier, comme suit :

| COMPAGNIES | LOCALITÉS DESSERVIES | NOMBRE DE DÉPARTS MENSUELS | TONNAGE EN MARCHANDISES | VOYAGEURS TRANSPORTÉS | |
|---|---|---|---|---|---|
| | | | | PAR VOYAGE | ANNUELLEMENT |
| Compagnie Transatlantique | Marseille. Bordeaux. Le Havre. Saint-Nazaire. | 3 | 3.300 | 30 | 1.080 |
| Royal Mail Steam Packet . | Southampton. | 3 | 3.200 | 30 | 1.080 |
| Transatlantico de Barcelona | La Havane. | 1 | 2.000 | 15 | 180 |
| West India . . . . . . . . | Liverpool. | 2 | 3.000 | 5 | 120 |
| Harrison Line . . . . . . | Liverpool. | 2 | 2.500 | 5 | 120 |
| Hamburg American Packet | Hambourg. | 3 | 3.000 | » | » |
| Prince Line . . . . . . . | Anvers. | 1 | 1.800 | » | » |
| Columbian Line . . . . . | New-York. | 3 | 2.000 | 40 | 1.440 |
| La Véloce. . . . . . . . | Gênes. | 1 | 2.000 | 50 | 600 |
| Totaux . . . . . . . . . . | | 19 | » | » | 4.620 |

La Compagnie Transatlantique va mettre en service sur la ligne de Colon à Saint-Nazaire deux des grands navires qui font actuellement le service du Havre à New-York.

On supprimera quelques escales et le trajet se fera en quatorze jours au lieu de vingt et un.

## 38. — TAUX DES LOYERS.

J'ai fait des recherches en ce qui concerne le taux ordinaire des loyers.

Pour les appartements au sujet desquels j'ai pu me renseigner, les abonnements au compteur seront la grande généralité.

Sur 91 maisons du quartier de San Felipe, divisées en 203 appartements, je n'en ai trouvé que deux dont le loyer soit inférieur à 250 piastres par an et par appartement.

| NUMÉRO DE LA MAISON AU CADASTRE de 1896 | VALEUR de la MAISON AU CADASTRE de 1896 | REVENU ANNUEL | NOMBRE D'APPARTEMENTS | LOYER ANNUEL par APPARTEMENT |
|---|---|---|---|---|
|  | $ | $ |  | $ |
| 2 | 33.400 | 3.600 | 3 | 1.200 |
| 6 | 5.000 | 840 | 2 | 420 |
| 7 | 6.000 | 960 | 2 | 480 |
| 8 | 25.000 | 2.400 | 3 | 800 |
| 9 | 10.000 | 2.400 | 2 | 1.200 |
| 15 | 24.000 | 2.880 | 2 | 1.440 |
| 16 | 26.000 | 3.000 | 3 | 1.000 |
| 18 | 21.600 | 3.000 | 3 | 1.000 |
| 21 | 13.300 | 1.320 | 2 | 660 |
| 22 | 10.000 | 960 | 2 | 480 |
| 24 | 13.000 | 960 | 2 | 480 |
| 25 | 26.000 | 3.840 | 3 | 1.280 |
| 26 | 67.000 | 12.000 | 2 | 6.000 |
| 27 | 8.400 | 840 | 2 | 420 |
| 28 | 10.000 | 1.200 | 2 | 600 |
| 32 | 13.300 | 3.420 | 2 | 1.710 |
| 34 | 6.000 | 1.680 | 2 | 840 |
| 35 | 8.400 | 1.020 | 2 | 510 |
| 36 | 10.700 | 1.800 | 2 | 900 |
| 38 | 11.600 | 2.040 | 2 | 1.020 |
| 39 | 11.600 | 960 | 2 | 480 |
| 49 | 13.300 | 2.400 | 2 | 1.200 |
| 50 | 5.000 | 540 | 1 | 540 |
| 51 | 8.400 | 2.160 | 2 | 1.080 |
| 52 | 8.400 | 1.800 | 2 | 900 |
| 64 | 23.000 | 3.360 | 3 | 1.120 |
| 65 | 11.700 | 1.440 | 3 | 480 |
| 66 | 33.400 | 3.000 | 3 | 1.000 |
| 67 | 40.000 | 3.360 | 2 | 1.680 |
| 68 | 13.400 | 1.800 | 2 | 900 |
| 69 | 5.000 | 1.440 | 2 | 720 |
| 70 | 16.700 | 2.160 | 2 | 1.080 |
| 71 | 10.000 | 1.200 | 2 | 600 |
| 72 | 8.400 | 960 | 2 | 480 |
| 75 | 8.400 | 1.440 | 2 | 720 |

20

| NUMÉRO DE LA MAISON AU CADASTRE de 1896 | VALEUR de la MAISON AU CADASTRE de 1896 | REVENU ANNUEL | NOMBRE D'APPARTEMENTS | LOYER ANNUEL par APPARTEMENT |
|---|---|---|---|---|
| | $ | $ | | $ |
| 78 | 6.700 | 1.680 | 2 | 840 |
| 79 | 16.700 | 1.320 | 2 | 660 |
| 80 | 10.000 | 1.560 | 3 | 520 |
| 81 | 6.000 | 1.560 | 2 | 780 |
| 82 | 8.400 | 1.440 | 2 | 720 |
| 84 | 25.000 | 3.000 | 3 | 1.000 |
| 86 | 8.400 | 960 | 2 | 480 |
| 87 | 8.400 | 1.560 | 2 | 780 |
| 88 | 10.000 | 1.560 | 2 | 780 |
| 92 | 8.400 | 1.320 | 2 | 660 |
| 95 | 10.000 | 1.440 | 2 | 720 |
| 100 | 11.700 | 1.500 | 2 | 750 |
| 103 | 13.400 | 1.920 | 3 | 640 |
| 106 | 11.700 | 1.200 | 2 | 600 |
| 107 | 6.700 | 1.200 | 2 | 600 |
| 108 | 33.400 | 3.840 | 3 | 1.280 |
| 110 | 13.400 | 2.160 | 3 | 720 |
| 111 | 33.400 | 4.200 | 3 | 1.400 |
| 113 | 11.700 | 1.560 | 2 | 780 |
| 114 | 8.400 | 1.920 | 3 | 640 |
| 115 | 8.400 | 1.200 | 2 | 600 |
| 116 | 23.700 | 3.000 | 2 | 1.500 |
| 118 | 20.000 | 3.000 | 2 | 1.500 |
| 120 | 10.000 | 1.800 | 2 | 900 |
| 121 | 23.400 | 3.360 | 2 | 1.680 |
| 124 | 16.700 | 3.000 | 1 | 3.000 |
| 125 | 16.700 | 3.600 | 2 | 1.800 |
| 126 | 16.700 | 2.400 | 2 | 1.200 |
| 127 | 16.700 | 2.400 | 2 | 1.200 |
| 129 | 30.000 | 3.600 | 3 | 1.200 |
| 130 | 30.000 | 4.200 | 3 | 1.400 |
| 135 | 33.400 | 3.840 | 2 | 1.920 |
| 139 | 11.700 | 720 | 2 | 360 |
| 140 | 6.700 | 1.200 | 2 | 600 |
| 147 | 10.000 | 1.800 | 2 | 900 |

| NUMÉRO DE LA MAISON AU CADASTRE de 1896 | VALEUR de la MAISON AU CADASTRE de 1896 | REVENU ANNUEL | NOMBRE D'APPARTEMENTS | LOYER ANNUEL par APPARTEMENT |
|---|---|---|---|---|
| | $ | $ | | $ |
| 152 | 8.400 | 840 | 2 | 420 |
| 156 | 5.000 | 720 | 2 | 360 |
| 158 | 10.000 | 840 | 2 | 420 |
| 159 | 10.000 | 840 | 2 | 420 |
| 160 | 10.000 | 960 | 2 | 480 |
| 163 | 10.000 | 720 | 2 | 360 |
| 164 | 30.000 | 3.000 | 2 | 1.500 |
| 165 | 5.000 | 480 | 2 | 240 |
| 167 | 16.700 | 2.880 | 3 | 1.440 |
| 187 | 15.000 | 1.560 | 2 | 780 |
| 216 | 8.400 | 840 | 2 | 420 |
| 247 | 6.700 | 720 | 2 | 360 |
| 218 | 6.700 | 720 | 2 | 360 |
| 232 | 3.400 | 1.200 | 2 | 600 |
| 233 | 3.400 | 960 | 3 | 320 |
| 234 | 3.400 | 960 | 3 | 320 |
| 235 | 3.400 | 720 | 2 | 360 |
| 236 | 3.400 | 720 | 2 | 360 |
| 248 | 20.000 | 3.120 | 3 | 1.040 |
| 249 | 16.000 | 2.400 | 3 | 800 |
| 297 | 20.000 | 3.600 | 3 | 1.200 |

## RÉCAPITULATION

Les 203 appartements recensés se décomposent comme suit :

| | | | | | |
|---|---|---|---|---|---|
| 2 | appartements d'un loyer inférieur à . . | | | 250 | |
| 50 | — | — | compris entre . | 250 et | 500 |
| 41 | — | — | — | 500 et | 750 |
| 33 | — | — | — | 750 et | 1.000 |
| 41 | — | — | — | 1.000 et | 1.250 |
| 23 | — | — | — | 1.250 et | 1.500 |
| 10 | — | — | — | 1.500 et | 2.000 |
| 1 | — | — | de . . . . . . . | 3.000 | |
| 2 | — | — | — | 6.000 | |

203 appartements.

### 39. — COMBUSTIBLE.

Le charbon, de provenance anglaise, coûte. à Panama, 75 francs la tonne. Aussi toutes les machines sont–elles chauffées au bois. On paie le bois destiné à cet usage, $ 4 la tonne.


### 40. — COUT ACTUEL DE L'EAU.

Je me suis trouvé à Panama pendant la saison des pluies. A ce moment, les aguadores vendent l'eau à raison de 5 sous la mesure de 4 litres, ce qui correspond à $ 12,50, soit 30 francs le mètre cube.

En saison sèche, l'eau n'a plus de prix.

Pour les bains et les cabinets, on emploie l'eau des citernes. La dépense de force motrice nécessaire pour faire monter l'eau à l'étage s'élève au Central Hôtel à 70 à 75 francs par mois.

On compte, pour un ménage pauvre, actuellement, une dépense mensuelle de 5 piastres pour l'eau potable.

Pour toute la population, la dépense mensuelle moyenne s'élève de ce chef à 10 à 12 piastres par ménage.

Les Compagnies de navigation achètent, à Panama, pour 125.000 francs d'eau par an, et cela pour cinq navires seulement (les autres apportent leur eau). Lorsque nous pourrons donner celle-ci à un prix raisonnable (par exemple 3 piastres le mètre cube) il est évident que tous les navires nous en prendront au lieu d'aller la chercher au loin.

L'entreprise du Canal achète journellement 120 mètres cubes d'eau pour la Boca.


### 41. — BAINS.

Les bains sont, à Panama, un facteur important de la consommation d'eau.

Leur nécessité s'impose, journellement. Ils sont alimentés, pendant une partie de l'année, par des citernes qui sont le plus souvent malpropres et, pendant la saison sèche, souvent taries, de sorte que même les habitants ayant des citernes chez eux sont obligés, pendant plusieurs mois de l'année, d'acheter l'eau nécessaire pour leur bain et leur toilette.

Bien que, pendant les premières semaines de mon séjour à Panama, il ait plu très souvent, ce qui rafraîchissait l'atmosphère, j'étais obligé de prendre un bain chaque jour, et je voyais tout le monde faire de même.

L'installation d'un établissement de bains publics, avec bassin de natation et salles de douches, serait une opération lucrative. On ne peut pas se baigner, soit en mer, à cause des requins, soit dans les rivières, où les caïmans sont en abondance, et les maisons qui possèdent une installation de douches sont très rares.

## 42. — BLANCHISSAGE DU LINGE.

Le linge qui revient du blanchissage n'est pas propre, et il conserve une odeur d'eau corrompue.

Le blanchissage, par suite de la pénurie d'eau, peut être considéré comme un impôt onéreux pour les habitants de Panama.

## 43. — TABLEAU DE LA PRODUCTION
## DU DÉPARTEMENT DE PANAMA
### SIGNALÉE A LA PRÉFECTURE POUR L'ANNÉE 1895.

Nous donnons ci-contre le tableau officiel du département de Panama, annexé au rapport présenté par le Gouvernement à l'Assemblée départementale.

# TABLEAU
## DE LA PRODUCTION DU DÉPARTEMENT DE PANAMA
SIGNALÉE A LA PRÉFECTURE POUR L'ANNÉE 1895

| PRODUITS | JANVIER | FÉVRIER | MARS | AVRIL | MAI | JUIN | JUILLET | AOUT | SEPTEMBRE | OCTOBRE | NOVEMBRE | DÉCEMBRE | TOTAUX |
|---|---|---|---|---|---|---|---|---|---|---|---|---|---|
| Eau-de-vie | 1.980, » | 1.742, » | 1.794, » | 3.432,40 | 2.483, » | 2.647,40 | 3.676, » | 3.150, » | 13.196,40 | 3.141,80 | 3.386,70 | 2 306,55 | 42.886,25 |
| Caoutchouc | 25.789,18 | 16.397,81 | 14.558,74 | 4.488,41 | 4.822,68 | 9.736,40 | 6.328,15 | 4.076,10 | 18.141,64 | 15.048, » | 17.578,15 | 12.003,74 | 142.969,30 |
| Café | 4.120,96 | 3.219,24 | 4.428,09 | 988,14 | » | 1.347, » | 223,30 | » | » | » | 70, » | » | 14.296,73 |
| Nacre | 5.902, » | 3.115,90 | 5.522,40 | 4.932,55 | 2.446,79 | 5.587,60 | 6.454,23 | 1.479,65 | 9.314,55 | 6.044,20 | 2.531,80 | 3.442,20 | 57.030,87 |
| Sel | 616,60 | 485,90 | 460,52 | 490,85 | 529,25 | 274,15 | 437,50 | 750, » | 663,65 | 933,10 | 516,85 | 561,55 | 6.689,92 |
| Bois de Cocobole | 1.520,60 | » | » | 1.260, » | 4.829, » | 1.829,30 | 3.823,30 | 4.896,20 | 2.587,40 | 1.539,50 | 1.968, » | 2.745,20 | 25.968,50 |
| Ivoire végétal | 2.305,19 | 919,63 | 1.662,50 | 1.819,27 | 677,94 | 812,50 | 583,80 | 2.333,30 | 2.818,60 | 1.080, » | 1.233,50 | 1.589,50 | 18.696,05 |
| Cuir de bœuf | 4.854,96 | 4.021,32 | 4.846,04 | 2.834,60 | 8.664,90 | 7.178,69 | 10.429,70 | 6.110,11 | 5.102,70 | 11.511,50 | 5.367,35 | 2.075,94 | 72.995,41 |
| Peaux de chevreuil | 1.754,10 | 919,38 | 386,57 | 923,58 | 1.030,50 | 3.526,32 | 2.189, » | 2.298,80 | » | 2.236,40 | 1.169,32 | 1.665,10 | 18.909,07 |
| Tabac | 84, » | 165,10 | 202, » | 200, » | 1.046, » | 499, » | 4.872, » | 330, » | 198, » | 499, » | 265, » | 791, » | 9.151, » |
| Salsepareille | 732,80 | 1.639, » | 1.716,18 | 805, » | 40,80 | 910,75 | 313,60 | 778,36 | » | 500, » | 825, » | 7, » | 8.268,49 |
| Jambons | 2.224,80 | 112, » | » | 70, » | 490, » | 70, » | 385, » | 771,50 | 411,50 | 45,35 | 3.969,30 | 2.096,30 | 9.945,75 |
| Riz | 100, » | » | » | » | » | » | 1,50 | 48, » | » | » | » | 158, » | 307,50 |
| Graisse de bœuf | 70, » | 20, » | » | » | » | » | » | » | » | » | » | » | 90, » |
| Cochons | 550, » | » | » | » | » | 1.440,50 | » | 995, » | 1.020, » | 198, » | 633,20 | 1.338, » | 6.194,70 |
| Racines | 1.554, » | 1.440, » | 3.290, » | » | 420, » | 327,60 | 390, » | 726, » | » | » | 1.066, » | 1.760, » | 11.073,60 |
| Copahu | 32, » | 335, » | 480, » | 40, » | 252, » | 360, » | » | » | » | 120, » | » | » | 1.639, » |
| Poissons | 124, » | 83,10 | 188,60 | » | 292,45 | 20, » | 926,90 | 4.768,86 | 628,15 | 230,50 | 302,90 | 1.366,75 | 8.962,21 |
| Légumes | 00, » | 46, » | » | 24, » | » | » | » | » | » | » | » | » | 160, » |
| Tamarin | 1, » | » | 1, » | » | 15, » | » | » | » | » | » | » | » | 17, » |
| Haricots | 10, » | » | 27,50 | 10, » | » | » | » | » | » | 4,20 | » | 17, » | 68,70 |
| Œufs | 10, » | 313,45 | 173,50 | 386, » | 230,60 | 290, » | 60, » | 173, » | 84, » | » | 88, » | 90, » | 1.907,55 |
| À reporter | 55.093,79 | 34.474,85 | 39.938,54 | 22.684,80 | 28.867,91 | 29.837,31 | 44.393,98 | 33.684,88 | 54.136,59 | 43.148,55 | 40.540,77 | 33.943,83 | 459.831,20 |

| PRODUITS | JANVIER | FÉVRIER | MARS | AVRIL | MAI | JUIN | JUILLET | AOUT | SEPTEMBRE | OCTOBRE | NOVEMBRE | DÉCEMBRE | TOTAUX |
|---|---|---|---|---|---|---|---|---|---|---|---|---|---|
| *Report* | 53.093,70 | 34.974,83 | 39.988,54 | 22.084,80 | 28.867,91 | 29.837,54 | 41.393,98 | 33.684,88 | 54.136,59 | 43.148,55 | 40.540,77 | 33.913,83 | 450.331,20 |
| Tomates | 10, » | 24,20 | 7, » | 12, » | 2,80 | » | » | » | » | » | » | » | 56, » |
| Bananes | 6,60 | » | » | » | » | » | » | » | » | » | » | » | 6,60 |
| Mélasse | 5,80 | » | » | » | » | » | » | » | » | » | » | » | 5,80 |
| Maïs fermenté | 10, » | » | » | » | » | » | » | » | » | » | » | » | 10, » |
| Tortues | 8,50 | » | 4, » | » | » | 50, » | » | » | » | » | » | » | 59,50 |
| Écailles | » | 125, » | 323,75 | 78,15 | 21,40 | 347,75 | 845, » | 251, » | » | » | 96,25 | 60, » | 2.148,30 |
| Sucre | » | 75, » | » | » | » | » | » | » | » | » | » | » | 75, » |
| Plumes de flamant | » | 124,50 | 105, » | 658,90 | 751, » | 564,60 | 165, » | 133, » | » | 42, » | 25, » | » | 2.564, » |
| Fruits | » | 3,50 | » | » | 10,40 | 57,10 | 40, » | 123, » | 10, » | 115, » | 23, » | » | 382, » |
| Gingembre | » | 7, » | 4, » | » | » | » | 4, » | » | » | » | » | 44,40 | 59,40 |
| Balais | » | 1, » | » | » | » | » | » | » | » | » | » | » | 1, » |
| Fromages | » | 58,40 | » | 18,40 | » | » | » | » | » | » | » | » | 76,80 |
| Poules | » | 67, » | 20, » | 38,40 | 88, » | » | » | 16, » | » | » | » | » | 229,40 |
| Ignames | » | 7,60 | » | » | 3,20 | » | » | » | » | » | » | » | 10,80 |
| Amidon | » | » | 20, » | » | » | » | » | » | » | » | » | » | 20, » |
| Peaux diverses | » | » | 572,42 | 567,50 | 443,80 | 200, » | » | » | » | » | » | » | 1.783,72 |
| Cigares | » | » | 804, » | 72, » | » | » | » | » | » | 100, » | » | » | 986, » |
| Oranges | » | » | 9,40 | » | 61,70 | » | » | » | » | » | » | » | 71,10 |
| Caisses | » | » | » | 63, » | » | » | » | » | » | » | 158, » | 173,50 | 394,50 |
| Chaussures | » | » | » | 51, » | » | » | » | » | » | » | » | » | 51, » |
| Peaux de loutres | » | » | » | » | 300, » | -350, » | 425, » | » | 3.382,73 | » | » | 300, » | 4.987,73 |
| Mangues | » | » | » | » | 6,40 | » | » | » | » | » | » | » | 6,40 |
| Oignons | » | » | » | » | 4,50 | » | » | » | » | » | » | » | 4,50 |
| Cacao | » | » | » | » | » | » | 127,50 | » | 1.800, » | 150, » | 1.000, » | » | 2.977,50 |
| Divers | » | » | » | 10,80 | » | » | 43,50 | 181,40 | 1.567, » | 822,50 | 132, » | 177, » | 2.934,20 |
| TOTAUX | 53.131,69 | 35.468,05 | 41.808,11 | 24.254,15 | 30.761,11 | 31.423,96 | 43.043,98 | 34.389,28 | 60.896,32 | 44.378,03 | 41.975,02 | 34.668,73 | 478.198,43 |

Soit une production totale, pour l'année 1895, de 478.198,45 piastres ou 1.100.000 francs.

### 44. — BUDGETS POUR 1897 et 1898.

Le budget des recettes et des dépenses pour 1897 et 1898 avait été provisoirement fixé à la somme de $ 1,379.000.

Par décret en date du 21 septembre 1896, il a été porté à la somme de $ 1.431.500 comme suit :

#### A. — *Budget des recettes.*

| | | |
|---|---|---:|
| 1. Impôt commercial | $ | 430.000, » |
| 2. Jeux de hasard | | 104.000, » |
| 3. Abattage du bétail | | 78.000, » |
| 4. Loterie | | 37.000, » |
| 5. Immeubles | | 150.000, » |
| 6. Panama Rail-Road (redevance) | | 100.000, » |
| 7. Fabrique de glace | | 24.000, » |
| 8. Droits d'enregistrement | | 5.000, » |
| 9. Opium | | 26.000, » |
| 10. Biens départementaux | | 9.000, » |
| 11. Droits sur l'alcool | | 400.000, » |
| 12. Divers | | 46.000, » |
| 13. Tabacs | | 20.000, » |
| 14. Vente de poudre | | 2.500, » |
| Total du budget des recettes | $ | 1.431.500, » |

#### B. — *Budget des dépenses.*

| | | |
|---|---|---:|
| 1. Gouvernement | $ | 314.038, » |
| 2. Hacienda | | 92.680, » |
| 3. Justice | | 90.360, » |
| A reporter | | 497.078, » |

|  |  |  |
|---|---|---:|
| *Report* . . . . . . . . \$ | 497.078, » |
| 4. Force publique . . . . . . . . . . . . . | 374.120, » |
| 5. Instruction publique . . . . . . . . . . | 164.968,40 |
| 6. Postes et télégraphes . . . . . . . . . . | 47.164, » |
| 7. Trésor . . . . . . . . . . . . . . . . | 9.770, » |
| 8. Dette publique. . . . . . . . . . . . . | 51.077, » |
| 9. Bienfaisance. . . . . . . . . . . . . . | 41.242,75 |
| 10. Encouragements à l'industrie . . . . . . . | 139.448, » |
| 11. Travaux publics . . . . . . . . . . . . . | 106.631,85 |
| Total du budget des dépenses. . . \$ | 1.431.500, » |

A BORD DU PAQUEBOT « FRANCE ».

Le 21 janvier 1897.

ÉMILE LEBON,
*Ingénieur à Bruxelles.*

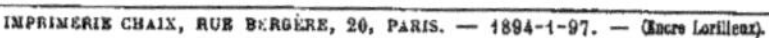

IMPRIMERIE CHAIX, RUE BERGÈRE, 20, PARIS. — 1894-1-97. — (Encre Lorilleux).